STARK

QUALI
Original-Prüfungsaufgaben

Mathematik · Deutsch · Englisch

Bayern

2013–2017

STARK

© 2017 Stark Verlag GmbH
14. ergänzte Auflage
www.stark-verlag.de

Das Werk und alle seine Bestandteile sind urheberrechtlich geschützt. Jede vollständige oder teilweise Vervielfältigung, Verbreitung und Veröffentlichung bedarf der ausdrücklichen Genehmigung des Verlages. Dies gilt insbesondere für Vervielfältigungen, Mikroverfilmungen sowie die Speicherung und Verarbeitung in elektronischen Systemen.

Inhalt

Vorwort

Hinweise und Tipps zum Qualifizierenden Abschluss der Mittelschule

Schriftliche Abschlussprüfungsaufgaben Mathematik

Abschlussprüfung 2013	M 2013-1
Abschlussprüfung 2014	M 2014-1
Abschlussprüfung 2015	M 2015-1
Abschlussprüfung 2016	M 2016-1
Abschlussprüfung 2017	M 2017-1

Schriftliche Abschlussprüfungsaufgaben Deutsch

Abschlussprüfung 2013	D 2013-1
Abschlussprüfung 2014	D 2014-1
Abschlussprüfung 2015	D 2015-1
Abschlussprüfung 2016	D 2016-1
Abschlussprüfung 2017	D 2017-1

Schriftliche Abschlussprüfungsaufgaben Englisch

Abschlussprüfung 2013	E 2013-1
Abschlussprüfung 2014	E 2014-1
Abschlussprüfung 2015	E 2015-1
Abschlussprüfung 2016	E 2016-1
Abschlussprüfung 2017	E 2017-1

Jeweils im Herbst erscheinen die neuen Ausgaben
der Original-Prüfungsaufgaben.

Vorwort

Liebe Schülerin, lieber Schüler,

in Bayern hast du am Ende der 9. Klasse die Möglichkeit, in verschiedenen Fächern an einer besonderen Leistungsfeststellung teilzunehmen, um zusätzlich zum „erfolgreichen Abschluss der Mittelschule" den **„Qualifizierenden Abschluss der Mittelschule"** zu erwerben.

Ausführliche **Hinweise zu dieser Abschlussprüfung** findest du auf den folgenden Seiten. Sollten nach Erscheinen dieses Bandes vom Kultusministerium noch **wichtige Änderungen** für die Abschlussprüfung 2018 bekannt gegeben werden, erhältst du **aktuelle Informationen** dazu im **Internet** unter:
www.stark-verlag.de/pruefung-aktuell

Zentrales Anliegen dieses Sammelbandes ist es, dir eine wertvolle Hilfe für die selbstständige und effektive Vorbereitung auf die besondere Leistungsfeststellung in den Fächern **Mathematik**, **Deutsch** und **Englisch** zu bieten.

Dieses Buch enthält daher die **Original-Prüfungsaufgaben 2013 bis 2017**, anhand derer du dein Wissen ganz gezielt auf Prüfungsniveau trainieren kannst.

Zu diesem Sammelband gibt es ein **Lösungsbuch** (Titel-Nummer 93414). Es enthält ausführliche Lösungen zu allen Aufgaben und wertvolle Tipps zu den einzelnen Aufgabenstellungen.

Wenn du darüber hinaus üben willst, sind unsere **Fachbände** mit folgenden Titelnummern optimal geeignet:

Mathematik: 93500: Format A5 mit Lösungen
             93503: Format A4 (Lösungsheft 93504)
Deutsch: 93540: Format A5 mit Lösungen
             93545: Format A4 (Lösungsheft 93544)
Englisch: 93555: Format A4 mit MP3-CD (Lösungsheft 93554)

Die Fachbände enthalten:
- wertvolle Hinweise für die mündliche und schriftliche Prüfung,
- ein ausführliches Trainingsprogramm für den Quali,
- einen Vorbereitungsteil für die mündliche Prüfung.

Speziell zur Vorbereitung auf den **Hörverstehensteil** im Fach Englisch gibt es den Trainingsband Englisch Hörverstehen 9. Klasse mit MP3-CD (Titel-Nr. 93452).

Viel Erfolg im Quali!

Hinweise und Tipps zum Qualifizierenden Abschluss der Mittelschule

Die folgenden Hinweise und Tipps sollen dir einen Überblick verschaffen, welche Anforderungen dich im Quali in den Fächern Mathematik, Deutsch und Englisch erwarten:

Die besondere Leistungsfeststellung in **Mathematik** besteht aus zwei Teilen:

- Im **ersten Teil** werden deine mathematischen **Grundfertigkeiten** geprüft. Dazu werden mehrere, voneinander unabhängige Aufgaben aus den verschiedenen Themenbereichen gestellt. Dieser Teil enthält eher offene Aufgaben, d. h., oft sind mehrere Lösungswege denkbar. Aufgabenformate sind z. B. Schätzaufgaben, Fehlersuche und Aufgaben mit Auswahlcharakter. Da du bei diesen Aufgaben mehr **argumentieren** als rechnen musst und nur geringes Formelwissen von dir verlangt wird, darfst du hier **keine Hilfsmittel** (Taschenrechner und Formelsammlung) verwenden. Für die Bearbeitung des ersten Teils hast du **30 Minuten** Zeit. Du kannst im ersten Teil **ein Drittel der Gesamtpunktzahl** erreichen.

- Im **zweiten Teil** musst du **zwei Aufgabengruppen** bearbeiten, die von der Feststellungskommission an deiner Schule aus ursprünglich drei Aufgabengruppen ausgewählt werden. Die Aufgabengruppen des zweiten Teils beinhalten jeweils vier Aufgaben, die im Vergleich zum ersten Teil komplexer sind und aus mehreren Teilaufgaben bestehen können. Dafür sind der elektronische Taschenrechner und eine Formelsammlung als **Hilfsmittel** gestattet. Zur Bearbeitung stehen dir **70 Minuten** zur Verfügung. Im zweiten Teil werden **zwei Drittel der Gesamtpunktzahl** vergeben.

Die besondere Leistungsfeststellung in **Deutsch** besteht seit 2017 aus drei Teilen:

- Im **ersten Teil** wirst du im Bereich **Sprachbetrachtung** geprüft. Dazu musst du verschiedene Aufgaben zur Sprachbetrachtung mithilfe eines Wörterbuchs bearbeiten. Es wird zum Beispiel von dir verlangt, **Wortarten** zu bestimmen oder einen **Wörterbucheintrag** zu analysieren.
Für die Bearbeitung des ersten Teils stehen dir **20 Minuten** zur Verfügung.

- Im **zweiten Teil** der Prüfung wird von dir verlangt, einige Aufgaben zur Rechtschreibung zu bearbeiten. Beispielsweise sollst du die Schreibung bestimmter Wörter anhand der jeweils passenden **Rechtschreibstrategie** begründen. Außerdem musst du z. B. in der Lage sein, fehlende **Satzzeichen** korrekt in einen kurzen Text einzufügen.
Für die Bearbeitung dieses Teils stehen dir **15 Minuten** zur Verfügung.

Du kannst in den ersten beiden Teilen insgesamt **ein Drittel der Gesamtpunktzahl** erreichen.

- Im **dritten Teil** der Prüfung folgt die **Textarbeit**. Du erhältst zwei Texte zur Auswahl: einen literarischen Text und einen Sachtext. Diese sind meist durch Schaubilder, Tabellen, Bilder oder Zusatztexte mit engem thematischem Bezug ergänzt. Aus den beiden Texten wählst du einen aus und bearbeitest alle dazugehörigen Aufgaben. Anhand deiner Lösungen wird geprüft, ob du in der Lage bist, den Text zu verstehen und dein **Textverständnis** schriftlich zum Ausdruck zu bringen.

  Folgende Aufgaben werden dabei häufig gestellt: Du sollst **Teilüberschriften** zu den einzelnen Textabschnitten formulieren, oder du musst **Fremdwörter** erklären bzw. Fremdwörter aus dem Text deutschen Begriffen zuordnen. Darüber hinaus wird verlangt, dass du eine oder mehrere **Fragen zum Sinn des Textes** beantwortest. Damit sollst du zeigen, dass du bestimmte Zusammenhänge, die im Text aufgezeigt werden, verstanden hast. Zum Schluss musst du noch einen Aufsatz schreiben. Dabei handelt es sich oft um eine **Stellungnahme**. Es wird dann verlangt, dass du dir zum gestellten Thema eine Reihe von Argumenten überlegst und diese ausformulierst. Am Schluss musst du zu einem begründeten Ergebnis gelangen. Manchmal gibt es aber auch eine **kreative Schreibaufgabe**. Hier musst du dich häufig in eine bestimmte Person hineinversetzen und aus ihrer Sicht ein persönliches Schreiben verfassen (z. B. einen persönlichen Brief oder einen Tagebucheintrag).

  Für die Bearbeitung des dritten Teils stehen dir **145 Minuten** zur Verfügung. Es können **zwei Drittel der Gesamtpunktzahl** erzielt werden.

Die besondere Leistungsfeststellung im Fach **Englisch** setzt sich aus einer **mündlichen** und einer **schriftlichen Prüfung** zusammen.

Die **schriftliche Prüfung** besteht aus folgenden Teilen und Kompetenzbereichen:

- **Listening Comprehension Test:** Mehrere Texte werden von der CD abgespielt. Es folgen Aufgaben, die dein Textverständnis überprüfen.
- **Use of English:** In diesem Teil werden der Wortschatz, die Grammatik und die Ausdrucksfähigkeit getestet.
- **Reading Comprehension Test:** Du erhältst einen oder mehrere Texte zum Lesen. Anhand von Aufgaben wird dein Leseverständnis überprüft.
- **Text Production:** Du kannst zwischen dem Schreiben einer „Correspondence" (E-Mail, Brief, Bewerbung) und dem „Picture Based Writing" (Bild, Bildergeschichte) wählen. Anhand der Vorgaben musst du jeweils einen längeren Text verfassen.

Für die Bearbeitung der **beiden ersten Teile** sind ca. **30 Minuten** vorgesehen. Es können rund **50 % der Gesamtpunktzahl** der schriftlichen Prüfung erreicht werden. Für die Bearbeitung der **beiden letzten Teile** stehen dir ca. **60 Minuten** zur Verfügung. Auch in diesen Bereichen kannst du etwa die **Hälfte der Gesamtpunktzahl** der schriftlichen Prüfung erzielen.

Die **mündliche Prüfung** wird nicht zentral gestellt, sondern von den einzelnen Schulen. Die mündliche Prüfung dauert ca. 15 Minuten. Sie kann von mehreren Schülern gleichzeitig absolviert werden.

Qualifizierender Abschluss der Mittelschule Bayern 2013
Mathematik

Teil A – Hilfsmittelfreier Teil   Punkte

1. Ergänze die fehlenden Werte in der Tabelle.   1,5

Grundwert	20	300	
Prozentwert	4		480
Prozentsatz		7 %	120 %

2. Berechne den Flächeninhalt der **grau** gefärbten Fläche. Rechne mit π = 3.   1,5

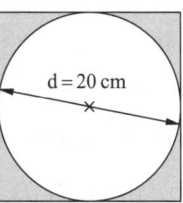

3. Ein Gartentor mit 1 m Breite soll mit 6 Brettern von jeweils 10 cm Breite so verkleidet werden, dass zwischen den Brettern die Abstände gleich groß sind (siehe Skizze).
Wie viele cm beträgt jeweils der Abstand zwischen 2 Brettern?   1

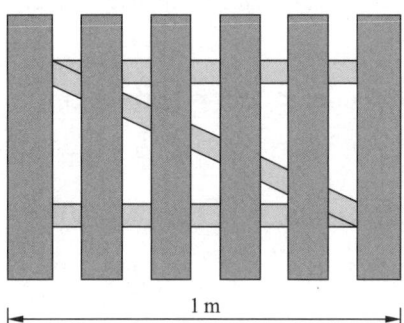

4. In einer 9. Klasse wurde eine Umfrage zum Lieblingseis der Schüler mit folgendem Ergebnis durchgeführt: 0,5

| Schokolade: 58 % | Vanille: 29 % | Erdbeer: 13 % |

Kreuze an, welches Diagramm den Sachverhalt am genauesten darstellt:

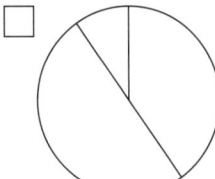 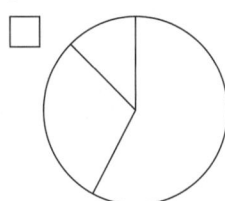 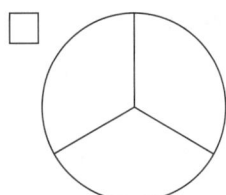

5. Radfahrer 1 und Radfahrer 2 fahren vom gleichen Ort los.

   Entscheide mithilfe des Diagramms, ob die folgenden Aussagen wahr oder falsch sind.

   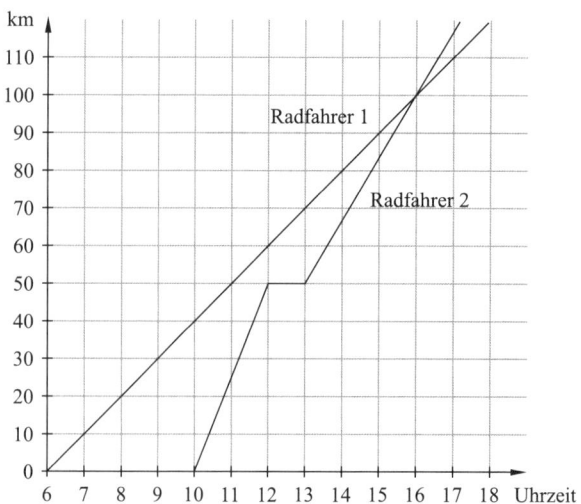

   Kreuze entsprechend an: wahr falsch
   a) Radfahrer 1 macht eine Pause. ☐ ☐
   b) Radfahrer 2 fährt im Durchschnitt schneller als Radfahrer 1. ☐ ☐
   c) Die beiden Radfahrer begegnen sich um 16.00 Uhr. ☐ ☐
   d) Radfahrer 2 fährt vor Radfahrer 1 los. ☐ ☐

6. Setze > oder < oder = korrekt ein.

   a) 1,1 ℓ ☐ 1,1 dm³

   b) 2 h 30 min ☐ $7{,}2 \cdot 10^2$ s

   c) $0{,}255 \cdot 10^6$ ☐ $255 \cdot 10^2$

7. Maria hat für 4 Wochen einen Ferienjob. Sie arbeitet jeweils von Montag bis Freitag 5 Stunden am Tag. Nach 4 Wochen erhält sie 600 €.
   Wie viel Geld bekommt sie pro Stunde?

8. Unterstreiche die Zeile, in der ein Fehler gemacht wurde, und verbessere **nur diese Zeile**.

   $(3x - 3 \cdot 7 + 6x) : (-3) - 4 = 21$

   $(9x - 21) : (-3) - 4 = 21$

   $9x - 21 : (-7) = 21$

   $9x + 3 = 21$

   $9x = 18$

   $x = 2$

Qualifizierender Abschluss der Mittelschule – Mathematik 2013

9. An einer Hausfassade hängt ein Werbetransparent aus Stoff (siehe Skizze).
   1 m² dieses Stoffes wiegt 200 g.
   Wie viele kg wiegt das Werbetransparent ungefähr?
   Begründe.

10. Markiere in den folgenden Flächen die jeweils angegebenen Anteile.

    a) $\dfrac{6}{32}$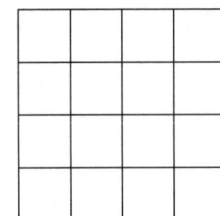

    b) 25 %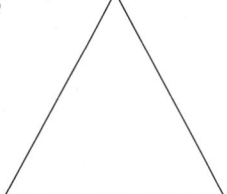

11. Genau zwei der abgebildeten Ergänzungen vervollständigen den dargestellten Körper zu einem Würfel.

    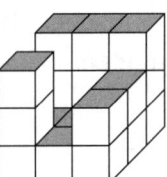

    Kreuze die zwei passenden Ergänzungen an:

    Ⓐ 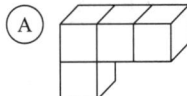   Ⓑ    Ⓒ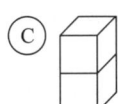

    Ⓓ 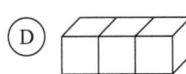   Ⓔ    Ⓕ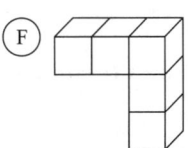

M 2013-3

Teil B – Aufgabengruppe I

1. Ein Stadion fasst insgesamt 65 700 Zuschauer. Es gibt vier Arten von Plätzen:
   Die Anzahl der Sitzplätze ist viermal so groß wie die der Stehplätze.
   Für die Presse stehen 12 600 Plätze weniger zur Verfügung als es Stehplätze gibt.
   Es gibt dreimal so viele Logenplätze wie Presseplätze.
   Berechne für jede Art die Anzahl der Plätze.
   Löse mithilfe einer Gleichung.

2. Berechne den Flächeninhalt der fett umrandeten Figur (siehe Skizze).
   Der Flächeninhalt der schraffierten rechteckigen Teilfläche beträgt 39,96 cm².

   Skizze nicht maßstabsgetreu.

   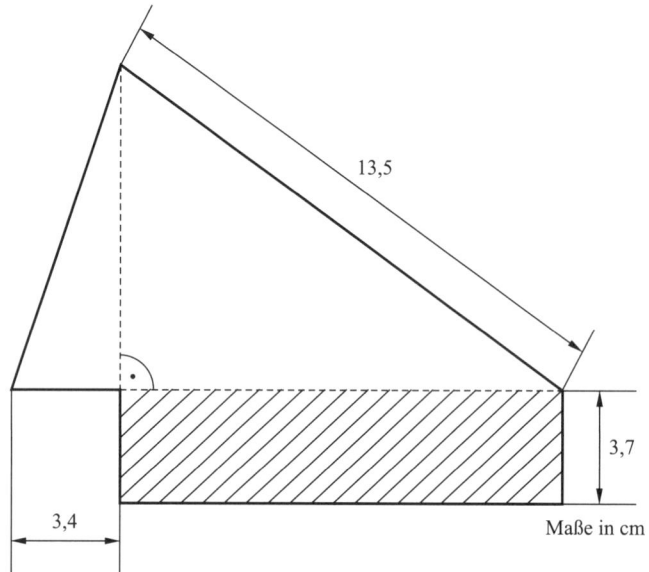

3. Valentin will mit Anna in Spanien Urlaub machen. Im Internet finden sie folgendes Angebot für sieben Übernachtungen:
   Flüge pro Person: 249 €
   Doppelzimmer pro Person und Nacht: 39 €

   a) Wie viel kostet die Reise für beide zusammen?

   b) Wenn sie bei Buchung des Hotels sofort bezahlen, bekommen sie 9 % Nachlass auf den Zimmerpreis.
      Wie viel würde die Reise dann insgesamt für beide kosten?

   c) In der Nebensaison kostet dasselbe Hotelzimmer nicht mehr 39 €, sondern 32 €.
      Wie hoch ist der prozentuale Preisnachlass?

4. In einer Projektprüfung werden ein Obstkuchen und eine Torte hergestellt. Ein Stück Torte kostet im Verkauf 30 Cent mehr als ein Stück Obstkuchen.

a) Berechne die gesuchten Werte (**?**) in der Tabelle:

Stückzahl	Verkaufspreis	
	Obstkuchen	Torte
1	?	?
3	3,60 €	
?	?	10,50 €

b) Stelle diese beiden Zuordnungen (Preis – Anzahl Stücke) in einem gemeinsamen Koordinatensystem dar.
Rechtswert: 1 Stück $\triangleq$ 1 cm
Hochwert: 1 € $\triangleq$ 1 cm

Teil B – Aufgabengruppe II

1. Löse folgende Gleichung:

   $$\frac{2 \cdot (x+3)}{5} - 16{,}5 = \frac{2x-6}{4} - 6 \cdot (3x-2) + 10$$

2. Zeichne in ein Koordinatensystem mit der Einheit 1 cm die Punkte D(–1|4,5) und B(2|–0,5) und verbinde sie zur Strecke [BD].

   a) Zeichne die Mittelsenkrechte zu [BD].
      Der Schnittpunkt der Mittelsenkrechten mit [BD] ist M.

   b) Zeichne einen Kreis um M mit r=[MD].

   c) Zeichne das Dreieck ABD, bei dem A ein Schnittpunkt der Mittelsenkrechten mit dem Kreis ist.

   d) Ergänze das Dreieck ABD zu einem Drachenviereck ABCD, in dem gilt: [MC]=2·[AM].

3. Die folgende Tabelle zeigt die Anzahl der abgeschlossenen Mobilfunkverträge in den Jahren 2005 bis 2011:

   a) Berechne den prozentualen Anstieg der Mobilfunkverträge von 2007 auf 2009.

   b) Wie viele Mobilfunkverträge waren im Jahr 2011 abgeschlossen?

Jahr	Mobilfunkverträge in Millionen	Anstieg nach zwei Jahren
2005	79,29	22,56 %
2007	97,15	22,52 %
2009	108,26	?
2011	?	1,44 %

   Quelle: Veröffentlichungen der Netzbetreiber, Statistisches Bundesamt

   c) Stelle für die angegebenen Jahre von 2005 bis 2011 die Mobilfunkverträge in einem Säulendiagramm dar. (Einheit: 10 Mio. ≙ 1 cm)

4. Für ein Schulfest sollen Tischlichter hergestellt werden. Dazu werden Gläser außen (ohne Boden und ohne Deckel) mit Transparentpapier beklebt.

   a) Um das zylinderförmige Glas mit dem Radius r=6 cm und der Höhe h=18 cm wird gelbes Transparentpapier geklebt.
      Berechne die beklebte Glasfläche.

   b) Zur Verzierung werden darauf vier gleichseitige Dreiecke (a=5 cm) aus rotem Papier geklebt. Wie groß ist der Flächeninhalt dieser vier Dreiecke insgesamt?

   c) Berechne, ob 3 m² gelbes Transparentpapier für 45 Lichter reichen.

Teil B – Aufgabengruppe III

1. Löse folgende Gleichung:

   $-4{,}9x + 0{,}5 \cdot (6x+4) - 4 \cdot (0{,}85 - 1{,}1x) = (-11{,}25x + 40) \cdot 0{,}2 + 19{,}1$

2. Ein zusammengesetzter Körper besteht aus einem Zylinder und zwei identischen Kegeln (siehe Skizze).
   Sein Volumen beträgt 911 cm³.
   Berechne die Höhe des Zylinders.

   Zeichnung nicht maßstabsgetreu.

   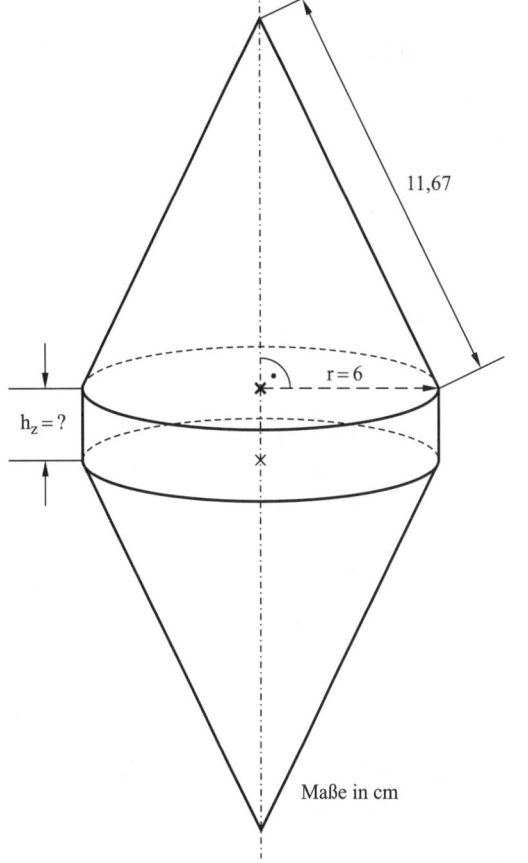

   Maße in cm

3.

Preise für Taxifahrten in ausgewählten bayerischen Städten in Euro:					
München		**Augsburg**		**Nürnberg**	
Grundpreis pro Fahrt	3,30	Grundpreis pro Fahrt	?	Grundpreis pro Fahrt	2,90
für die ersten 5 km pro km	1,70	für den ersten km	2,50	für den ersten km	2,80
jeder weitere km	1,50	jeder weitere km	1,50	jeder weitere km	?

   a) Herr Reisig fährt mit dem Taxi eine 35 km lange Strecke von München zum Flughafen.
      Berechne den Fahrpreis.

b) Frau Städele bezahlt für eine 8 km lange Taxifahrt in Augsburg 16 €. Berechne den Grundpreis.

c) Wie hoch ist der Kilometerpreis für jeden weiteren gefahrenen Kilometer in Nürnberg, wenn Frau Laufer für eine 12 km lange Fahrt 21,10 € bezahlt.

4. Das Schaubild zeigt, wie ein neuer Pkw im Laufe der Jahre durchschnittlich an Wert verliert:

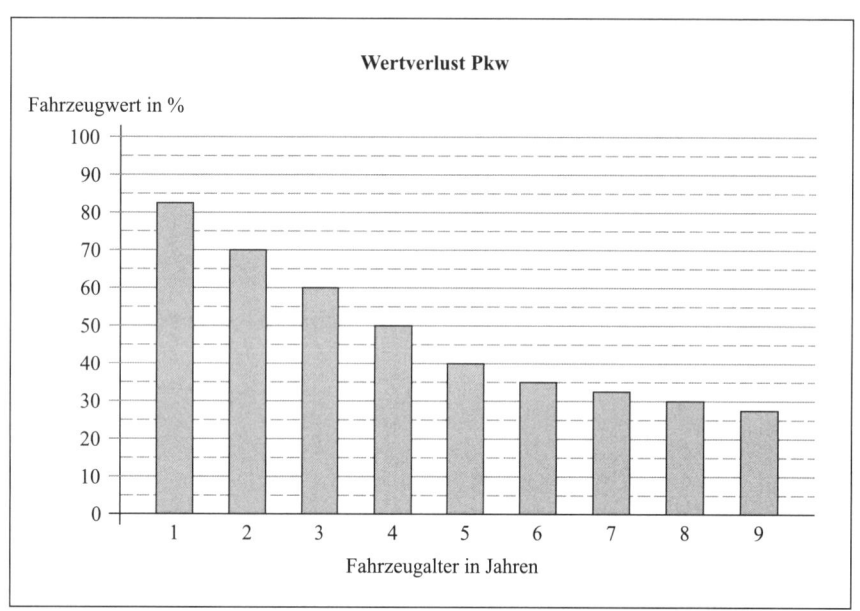

a) Ein Neuwagen kostet 25 900 €.
   Welchen Wert hat er nach sechs Jahren?

b) Wie hoch ist sein durchschnittlicher monatlicher Wertverlust innerhalb der ersten fünf Jahre in Euro?

c) Der Wert eines weiteren Pkw ist nach acht Jahren auf 5 970 € gefallen.
   Wie groß war sein Wert als Neuwagen?

Qualifizierender Abschluss der Mittelschule Bayern 2014
Mathematik

Teil A – Hilfsmittelfreier Teil

1. Paul ist Auszubildender im Konditorhandwerk. Er soll 2 Tortenböden herstellen.

Rezept für 10 Tortenböden	
2 000 g	Mehl
10 Päckchen	Vanillezucker
1 500 g	Zucker
5 Päckchen	Backpulver
40	Eier
250 ml	Wasser

   Paul notiert sich:

   Pauls Rezept für 2 Tortenböden
   400 g Mehl
   2 Päckchen Vanillezucker
   600 g Zucker
   1 Päckchen Backpulver
   8 Eier
   50 ml Wasser

   Finde den Fehler, streiche ihn in Pauls Rezept durch und notiere die richtige Angabe.

2. Judith hat 180 Euro. Davon gibt sie $\frac{1}{3}$ aus, vom Restbetrag zahlt sie 50 % auf ihr Sparkonto ein.
   Welcher Betrag wird eingezahlt?

3. In einer Warteschlange stehen hinter Tobi 7 Personen. An 4. Stelle hinter Tobi steht in dieser Schlange eine Frau im roten Mantel, die insgesamt 9 Personen vor sich hat.
   Wie viele Personen stehen in der Warteschlange?

4. Fülle die Platzhalter so aus, dass die Gleichung stimmt:

   $21x + \boxed{} = 3 \cdot \left(\boxed{} + 2 \right)$

5. Ein Würfel wird zur Hälfte in Farbe getaucht (siehe Skizze).
   Färbe das Würfelnetz entsprechend:

   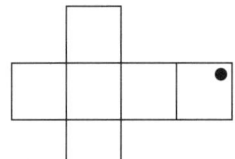
   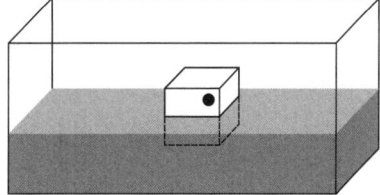

6. Entscheide mithilfe des Diagramms, ob die folgenden Aussagen richtig oder falsch sind. Kreuze entsprechend an.

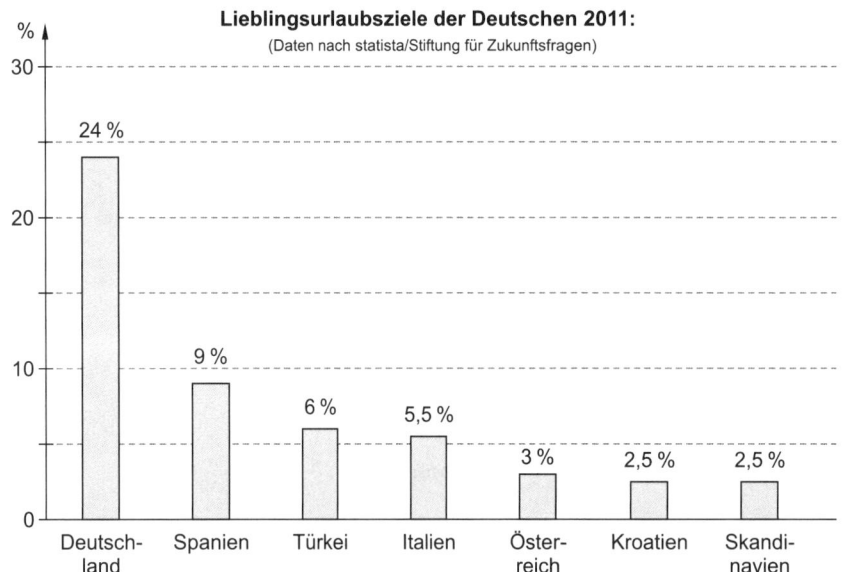

	richtig	falsch
a) Skandinavien war genauso beliebt wie Kroatien.	☐	☐
b) Die Mehrzahl der Deutschen hat im eigenen Land Urlaub gemacht.	☐	☐
c) Das beliebteste ausländische Urlaubsziel war Italien.	☐	☐
d) In Spanien machten 50 % mehr Deutsche Urlaub als in der Türkei.	☐	☐

7. Die Gerade g ist parallel zur Geraden h.
Bestimme den Winkel α rechnerisch (siehe Skizze):

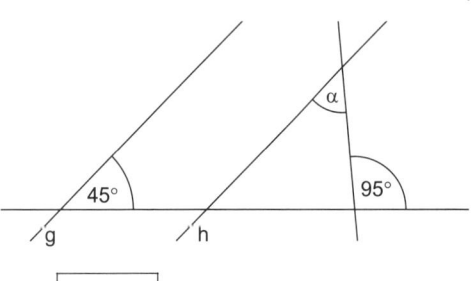

α = ☐

8. Setze die Zahlenreihen folgerichtig fort:

a) $\dfrac{1}{2}$ $-\dfrac{1}{4}$ $\dfrac{1}{8}$ $-\dfrac{1}{16}$ $\dfrac{1}{32}$ ☐

b) $\dfrac{3}{4}$ $1\dfrac{1}{2}$ $2\dfrac{1}{4}$ 3 ☐

9. Ein Mann steht auf dem übergroßen Modell eines Stuhls (siehe Skizze).
Wie groß müsste ein Mann sein, für den dieser Stuhl Normalgröße hat?
Begründe.

10. Fülle den Platzhalter so aus, dass die Gleichung stimmt.

a) $3{,}6 : 0{,}03 = \boxed{}$

b) $0{,}46 \cdot 10^3 - 1 = \boxed{}$

11. Jasmin hat 100 Euro zur Verfügung. Sie will sich folgende Teile, die jeweils mit dem regulären Preis ausgezeichnet sind, kaufen:
eine Hose für 60 Euro, eine Jacke für 40 Euro und ein Shirt für 20 Euro.

Der Modeladen „Style" bietet Folgendes an:

Beim Kauf von 3 Kleidungsstücken erhalten Sie auf ...	
... ein Teil:	10 % Rabatt
... ein anderes Teil:	15 % Rabatt
... ein weiteres Teil:	20 % Rabatt

Kann sich Jasmin die 3 Kleidungsstücke bei optimaler Ausnutzung der Rabatte leisten?
Begründe rechnerisch.

12. Peter läuft auf der äußeren Kreislinie, Maria auf der inneren (siehe Skizze).
Wie viele Meter läuft Peter im Vergleich zu Maria bei jeder Runde mehr?
Rechne mit $\pi = 3$.

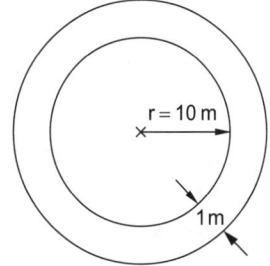

Teil B – Aufgabengruppe I

1. Für das Sommerfest ihrer Schule kaufen die Schülersprecher insgesamt 120 Flaschen Getränke.

   Sie besorgen halb so viele Flaschen Orangensaft wie Apfelsaft und siebenmal so viele Mineralwasserflaschen wie Apfelsaftflaschen.
   Außerdem kaufen sie vier Flaschen mehr Birnensaft als Orangensaft und noch acht Flaschen Kirschsaft.

   Wie viele Flaschen von jeder Sorte kaufen sie?
   Löse mithilfe einer Gleichung.

2. Aus einem Quader wird ein dreiseitiges Prisma ausgeschnitten (siehe Skizze). Berechne das Volumen des Restkörpers.

   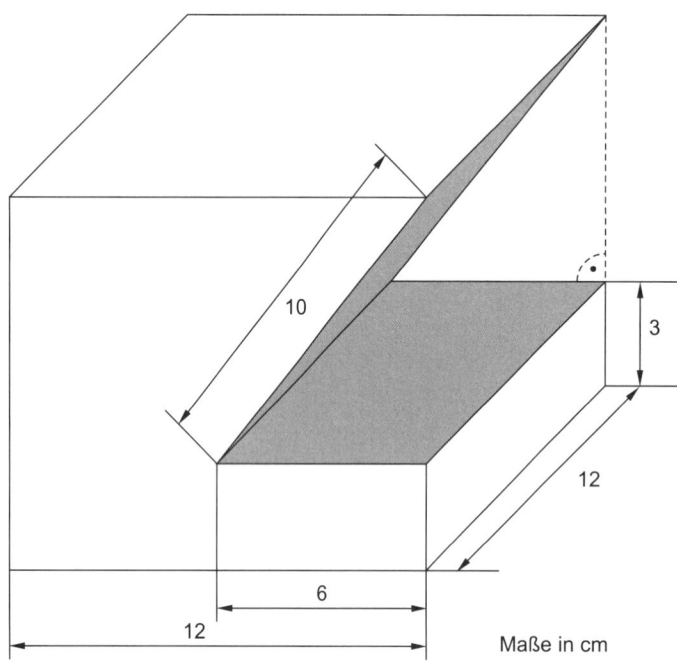

   Hinweis: Skizze nicht maßstabsgetreu

3. Herr Müller hat 56 000 Euro zur Verfügung. Für den Kauf einer neuen Wohnungseinrichtung verwendet er $\frac{3}{8}$ des Geldes. Seinem Freund leiht er 12 000 €. Den Rest legt er im Januar auf einem Sparkonto an, das mit 0,6 % jährlich verzinst wird.

   a) Wie viel gibt er für die Wohnungseinrichtung aus?

   b) Welchen Stand hat das Sparkonto, wenn es nach 9 Monaten aufgelöst wird?

   c) Sein Freund zahlt ihm nach einem Jahr 12 150 € zurück.
      Welchen Zinssatz hatten die beiden vereinbart?

4. Auf einer Baustelle wird ein Aushub von 73 m³ abtransportiert. Eine Fahrt umfasst den Weg von der Baustelle zur Entladestelle und zurück und dauert für beide Lkw-Typen (siehe Skizze) gleich lang. Die Zeiten für das Be- und Entladen sollen nicht berücksichtigt werden.

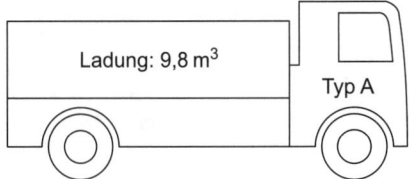
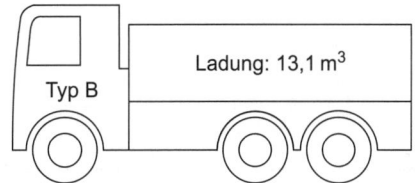

a) Wie oft muss ein Lkw vom Typ A für den Abtransport des Aushubs fahren?

b) Der Lkw-Fahrer des Wagens A benötigt für diese Fahrten insgesamt 4 Stunden und 48 Minuten.
Wie viele Minuten dauert eine Fahrt?

c) Wie viel Zeit könnte der Bauunternehmer für den Abtransport des Aushubs einsparen, wenn er einen Lkw vom Typ B einsetzt?

Teil B – Aufgabengruppe II

1. Löse folgende Gleichung:
$$(3,2 - 3,75x) : 0,5 - 1,75x = 0,25 \cdot (12,2x - 0,8) - (9,3x - 3,3)$$

2. Frau Ohlmüller kauft Geburtstagsgeschenke für ihre Kinder.

a) In einem Bekleidungsgeschäft findet sie folgendes Angebot:

Auf diese Preise: 15 % Rabatt!
Hose: 48,00 €
Jacke: 69,90 €
Gürtel: 16,00 €
Hemd: 35,20 €

Beim Kauf von mindestens zwei Artikeln werden auf den verbilligten Preis nochmals 5 % Ermäßigung gewährt. Für ihren Sohn kauft sie eine Hose und einen Gürtel.
Was kosten die Hose und der Gürtel zusammen?

b) In einem Online-Shop kauft sie für ihre Tochter ein Brettspiel, das von 44,50 € auf 35,60 € reduziert wurde. Berechne den Preisnachlass in Prozent.

c) Zusätzlich bestellt sie beim Online-Shop ein Kartenspiel für 5,90 €.
Frau Ohlmüller erhält 2 % Skonto und muss keine Versandkosten bezahlen.
Wie viel muss sie für ihren gesamten Einkauf an den Online-Shop überweisen?

3. Der Flächeninhalt des Halbkreises beträgt 3,5325 cm².

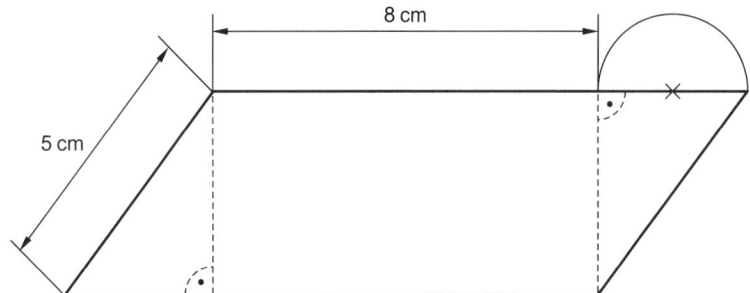

Hinweis: Skizze nicht maßstabsgetreu

Berechne den Flächeninhalt des Parallelogramms.

4. In manchen Ländern wird die Temperatur nicht in der Einheit Grad Celsius (°C) gemessen, sondern in Grad Fahrenheit (°F).
Mit folgender Formel kann man beide Einheiten umrechnen:

$$F = C \cdot 1{,}8 + 32$$

F: Temperatur in °F
C: Temperatur in °C

a) Berechne die gesuchten Werte der Tabelle unter Verwendung der Formel:

C:	37 °C	?	?	−15 °C
F:	?	50 °F	32 °F	?

b) Trage die Wertepaare in ein Koordinatensystem ein und zeichne den entstehenden Graphen.
Rechtswertachse: 10 °C ≙ 1 cm
Hochwertachse: 20 °F ≙ 1 cm

Teil B – Aufgabengruppe III

1. Löse folgende Gleichung:

$$\frac{6x+5}{10} - \frac{2x}{5} - \frac{1}{10} - \frac{1}{2} - \frac{x-5}{4}$$

2. a) Zeichne in ein Koordinatensystem mit der Einheit 1 cm die Punkte A(−1|−2) und B(4|3,5) ein und verbinde sie zur Strecke [AB].

b) Der Punkt M halbiert die Strecke [AB]. Trage M ein.

c) Die Strecke [AM] ist eine Seite des gleichseitigen Dreiecks AMD. Zeichne dieses Dreieck.

d) Die Strecken [AD] und [AB] sind Seiten eines Parallelogramms. Wähle den Punkt C so, dass das Parallelogramm ABCD entsteht und zeichne es.

3. Berechne den Flächeninhalt der gesamten schraffierten Fläche. 4

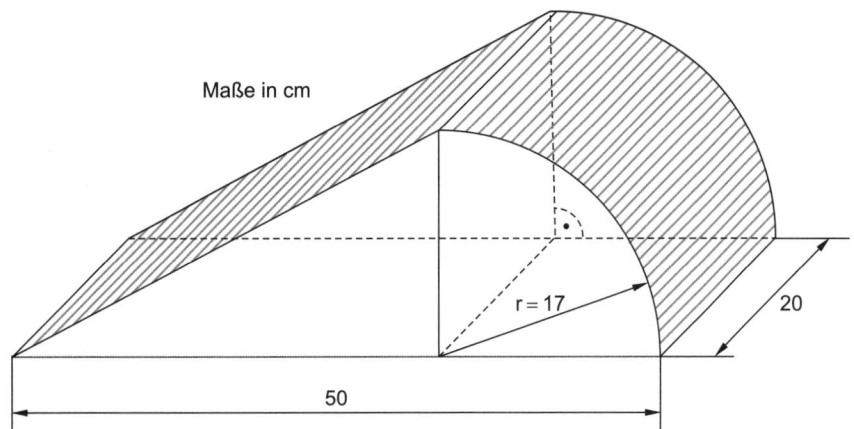

Hinweis: Skizze nicht maßstabsgetreu

4.

Durchschnittliche Lebenserwartung in Deutschland (in Jahren)		
Geburtsjahrgang	**Männer**	**Frauen**
1910	47,41	50,68
1950	63,95	68,02
1980	69,62	?
2000	75,04	81,12
2005	76,57	82,10
2010	77,70	82,74

(Quelle: nach Statistischem Bundesamt)

4

a) Betrachte den Geburtsjahrgang 2000: Um wie viel Prozent ist die Lebenserwartung der Frauen höher als die der Männer?

b) Die Lebenserwartung der Frauen der Geburtsjahrgänge von 1980 bis 2010 ist um 8,63 % gestiegen.
Berechne die Lebenserwartung der Frauen des Geburtsjahrgangs 1980.

c) Stelle die Lebenserwartung der Männer der Geburtsjahrgänge 1910, 1950 und 2010 in einem Säulendiagramm dar.
(10 Lebensjahre ≙ 1 cm)

Qualifizierender Abschluss der Mittelschule Bayern 2015
Mathematik

Teil A – Hilfsmittelfreier Teil

Punkte

1. Schreibe den jeweils durchgeführten Rechenschritt in die Kästchen. 1,5

    $3{,}3x + \dfrac{2}{5} = x - \dfrac{3}{4}$ $\boxed{\;\cdot 20\;}$

    $66x + 8 = 20x - 15$ $\boxed{}$

    $66x = 20x - 23$ $\boxed{}$

    $46x = -23$ $\boxed{}$

    $x = -0{,}5$

2. Setze die 4 Symbole △, ○, □ und ♡ so ein, dass sie in jeder Zeile, in jeder Spalte und in jedem 4er-Block genau einmal vorkommen. 1,5

		♡	
♡	□	△	○
□		○	
	△		

3. Wie groß ist ungefähr der Flächeninhalt eines 5-Euro-Scheines? 0,5

    Kreuze an: ☐ 740 dm²   ☐ 740 mm²

    ☐ 74 cm²   ☐ 74 mm²

4. Bestimme den Winkel δ rechnerisch (siehe Skizze). 1

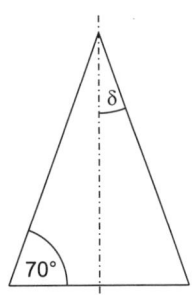

M 2015-1

5. Entscheide mithilfe des Diagramms, ob die folgenden Aussagen richtig oder falsch sind.

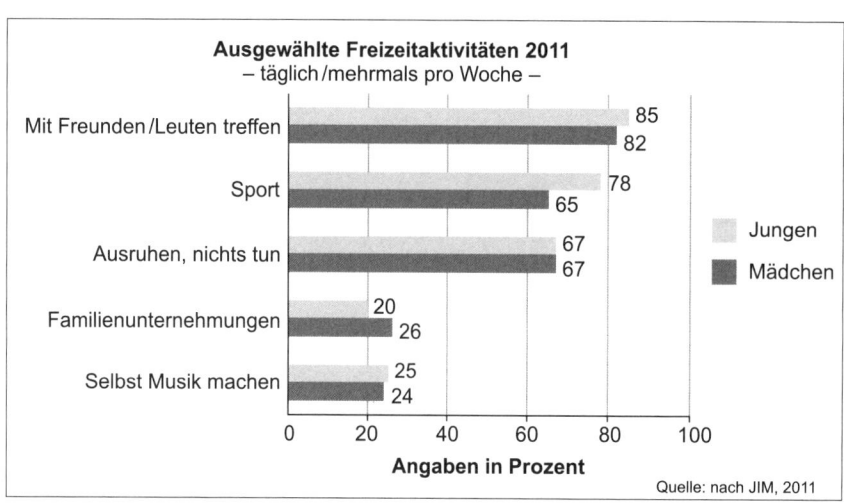

Kreuze entsprechend an:

                                                                                                                      richtig   falsch

a) Ein Viertel der befragten Jungen macht gerne selbst Musik. □ □

b) Jungen nehmen lieber an Familienunternehmungen teil als Mädchen. □ □

c) Am liebsten treffen sich Jungen und Mädchen mit Freunden/Leuten. □ □

d) Durchschnittlich ruhen sich die befragten Jugendlichen mehr aus, als Sport zu treiben. □ □

6. Stefan ist heute 25 Jahre alt und wiegt 70 kg. Bei seiner Geburt wog er 3 500 g. Ermittle, wie viel Prozent seines heutigen Gewichts das sind.

7. Wie groß ist der Flächeninhalt des Segels (siehe Skizze)?

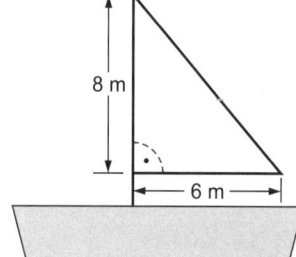

8. Wie viel Prozent der Gesamtfläche nimmt die Fläche des grau gefärbten Quadrats ein (siehe Skizze)?

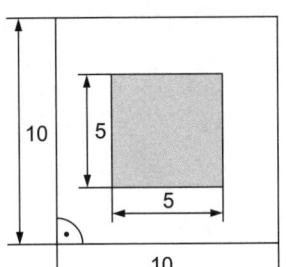

Maße in cm

Hinweis: Skizze nicht maßstabsgetreu

9. Die Figur 2 ist eine Spiegelung der Figur 1. Zeichne die Spiegelachse ein.

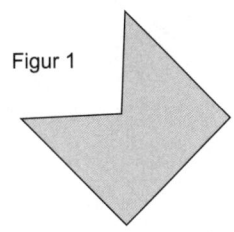

Figur 1

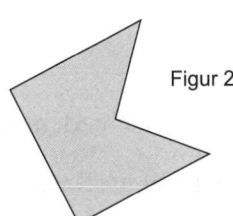

Figur 2

10. Bei einem Spiel mit nur einem Würfel steht Markus mit der ersten Spielfigur bereits im Ziel, mit der zweiten kurz davor (siehe Skizze).

Wie groß ist die Chance, dass er mit dem nächsten Wurf mit der zweiten Spielfigur eines der Zielfelder erreicht?

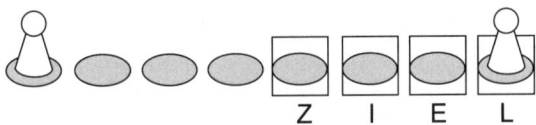

Kreuze an:

☐ 25 %   ☐ 50 %   ☐ 75 %   ☐ 100 %

11. Welche Tabelle zeigt eine direkt proportionale Zuordnung?

Kreuze an:

☐

Bananen	
1 kg	2,30 €
3 kg	6,50 €
5 kg	10,00 €

☐

Trüffel	
0,5 g	20 €
1 g	40 €
2 g	80 €

☐

Ananas	
1 Stück	2 €
2 Stück	4 €
3 Stück	5 €

12. Berechne aufgrund der Vorgabe von 500 Weizenpflanzen pro m² die Anzahl der Weizenpflanzen auf einem km². Schreibe das Ergebnis als Zehnerpotenz.

1,5

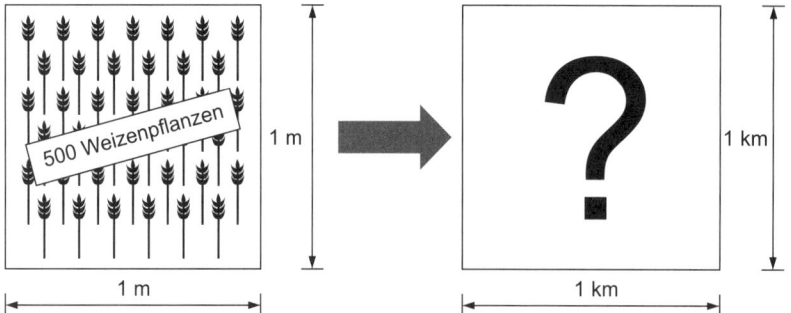

Hinweis: Skizze nicht maßstabsgetreu

Teil B – Aufgabengruppe I

1. Eine Schule kauft 86 Stühle in drei verschiedenen Farben.

4

Die Anzahl der roten Stühle ist halb so groß wie die Anzahl der grünen Stühle.
Von den weißen Stühlen werden 44 weniger gekauft als von den grünen Stühlen.

Wie viele rote, grüne und weiße Stühle werden jeweils gekauft?
Löse mithilfe einer Gleichung.

2. In zwei Geschäften wird das neue Modell eines Fernsehgerätes angeboten. In den Angebotspreisen sind jeweils 19 % Mehrwertsteuer (MwSt.) enthalten:

4

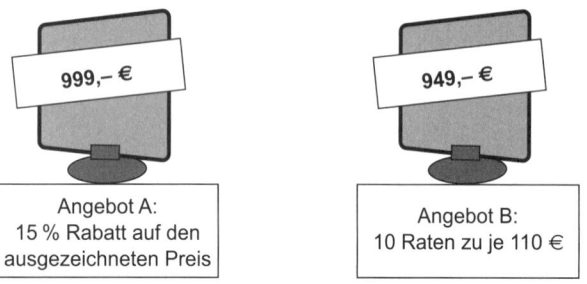

a) Berechne den zu zahlenden Preis bei Angebot A.

b) Um wie viel Prozent erhöht sich bei Ratenzahlung der ursprüngliche Preis bei Angebot B?

c) Wie hoch ist der Preis eines weiteren Fernsehgerätes ohne 19 % MwSt., wenn der zu zahlende Preis mit MwSt. 979,– € beträgt?

3. Aus einem regelmäßigen sechsseitigen Prisma wird ein Keil herausgeschnitten.
Berechne die Oberfläche des dargestellten Körpers (siehe Skizze).

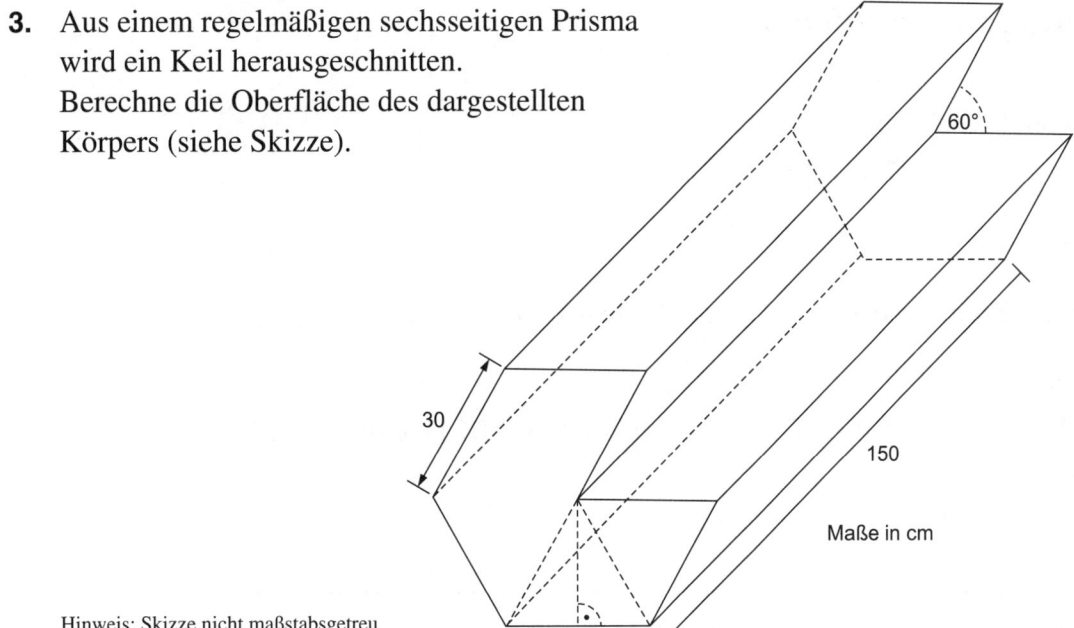

Hinweis: Skizze nicht maßstabsgetreu

4. Aus einer mit 150 ℓ gefüllten Wanne fließen pro Minute 20 ℓ Wasser ab.

   a) Übertrage folgende Wertetabelle und ergänze sie.

Vergangene Zeit in Minuten	0,5	?	5,5
Restliche Wassermenge in der Wanne in Liter	?	90	?

   b) Stelle diesen Sachzusammenhang in einem Koordinatensystem grafisch dar.

   Rechtswertachse: 1 Minute ≙ 1 cm
   Hochwertachse: 10 Liter ≙ 1 cm

   c) Aus einem mit 3 000 ℓ Wasser gefüllten Gartenpool fließen pro Minute 40 ℓ ab.

   Wie viele Stunden dauert es, bis der Pool leer ist?

Teil B – Aufgabengruppe II

1. Löse folgende Gleichung.

   $$11x - 3{,}5 \cdot (2x - 4) = \frac{12 \cdot (x+6)}{3} - \frac{3x}{2} + 8$$

2. Zeichne ein Koordinatensystem mit der Einheit 1 cm.

   a) Trage die Punkte B(4|1) und D(1|2,5) ein.

   b) Die Punkte B und D sind Eckpunkte einer Raute ABCD. Eine Seitenlänge der Raute beträgt 5 cm.
      Zeichne die Raute.

3.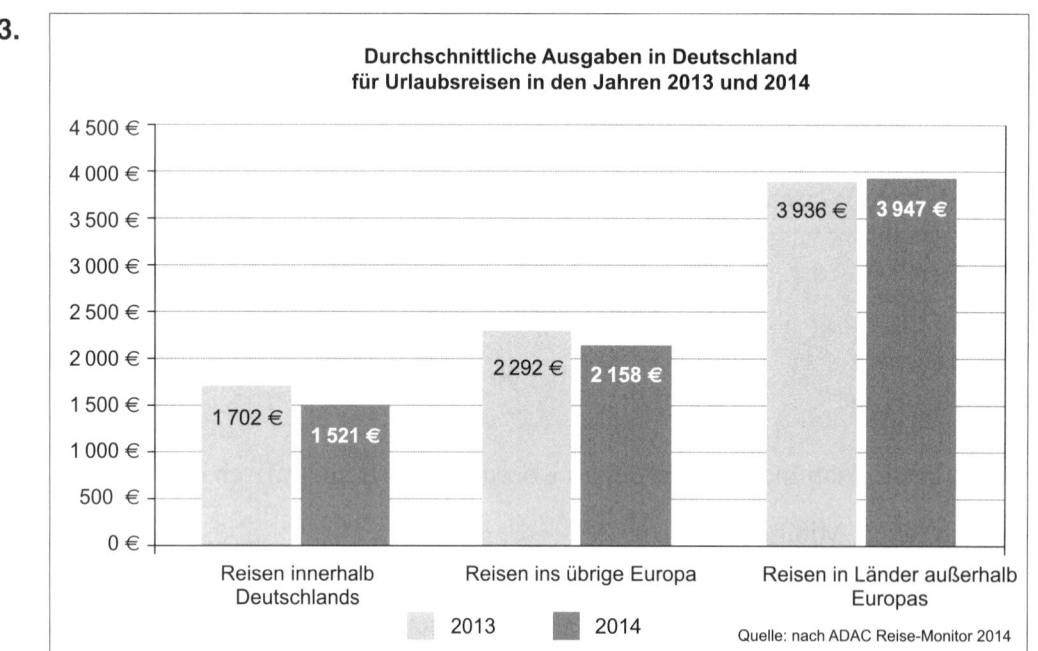

   a) Um wie viel Prozent veränderten sich die Ausgaben für einen Urlaub innerhalb Deutschlands von 2013 auf 2014?

   b) Stelle die Ausgaben für Urlaubsreisen innerhalb Deutschlands und ins übrige Europa sowie für Reisen in Länder außerhalb Europas für das Jahr 2013 in einem Kreisdiagramm anteilig dar (Radius 3 cm).

4. Die Theatergruppe einer Mittelschule druckt für das Bühnenbild einfache achsensymmetrische Blumen (siehe Skizze) auf Stoff.

Berechne den Flächeninhalt einer solchen Blume.

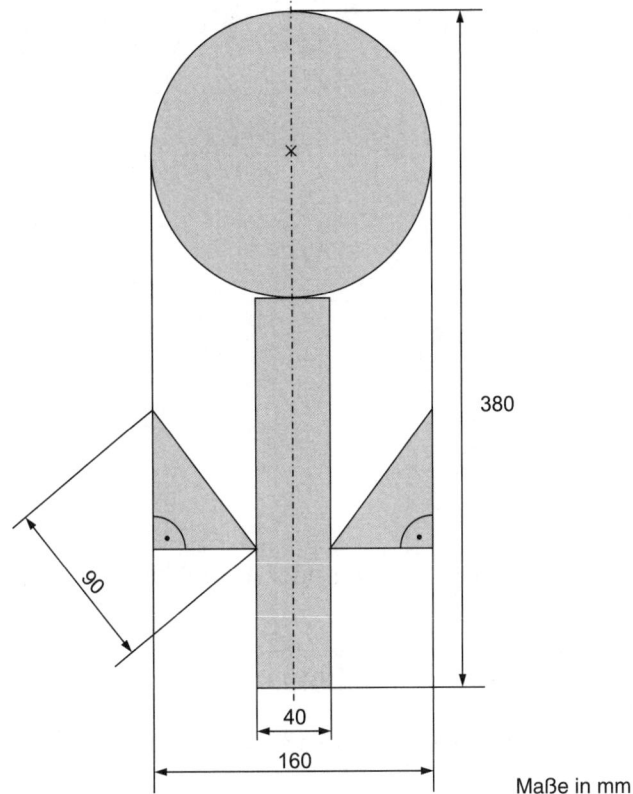

Hinweis: Skizze nicht maßstabsgetreu

Maße in mm

Teil B – Aufgabengruppe III

1. Löse folgende Gleichung.

$28x - 60,5 - (11x - 182) = 6 \cdot (5 - 0,25x) + 3 \cdot (2x + 58)$

2. a) Zeichne ein regelmäßiges Neuneck. Die Länge der Basisseite a beträgt 4 cm.

b) Zeichne in das regelmäßige Neuneck ein gleichseitiges Dreieck, dessen Eckpunkte auch Eckpunkte des regelmäßigen Neunecks sind.

3. Berechne das Volumen des symmetrischen Körpers.

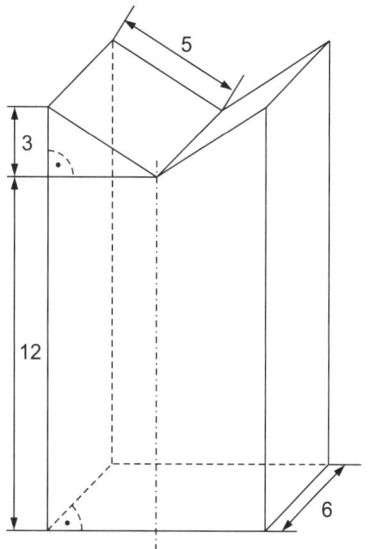

Maße in cm

Hinweis: Skizze nicht maßstabsgetreu

4. Menschen leben in ihren Haushalten entweder alleine, zu zweit oder mit mehreren Personen zusammen (siehe Tabelle):

	1991	**2013**
Haushalte in Deutschland insgesamt:	35 256 000	39 933 000
Haushalte nach Größe:		
Einpersonenhaushalte	33,6 %	40,5 %
Zweipersonenhaushalte	30,8 %	34,4 %
Dreipersonenhaushalte	17,1 %	12,5 %
Haushalte mit vier oder mehr Personen	18,5 %	12,6 %

(Quelle: nach Statistisches Bundesamt 2014)

a) Berechne den prozentualen Anstieg der Haushalte in Deutschland insgesamt von 1991 bis 2013.

b) Wie viele Dreipersonenhaushalte gab es 2013 und wie viele Menschen lebten insgesamt darin? Berechne.

c) Stelle die prozentuale Verteilung der verschiedenen Haushalte für das Jahr 2013 in einem Balkendiagramm dar (10 % $\widehat{=}$ 1 cm).

Qualifizierender Abschluss der Mittelschule Bayern 2016
Mathematik

Teil A – Hilfsmittelfreier Teil   Punkte

1. Beim Einkauf bezahlt Thomas für 6 Flaschen 4,20 €.   1
   Wie viel bezahlt er für 10 Flaschen?

2. Im abgebildeten 1 000-Liter-Öltank befinden sich noch 700 ℓ.   1
   Zeichne auf der Vorderseite ein, wie hoch das Öl noch im Tank steht.

   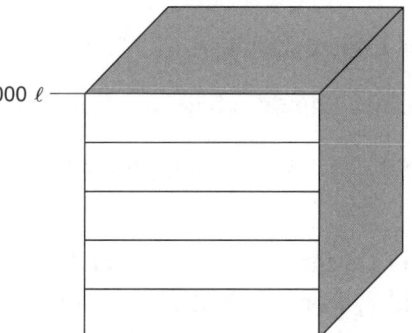

3. Welche Zahl wird hier in Potenzschreibweise dargestellt?   1

   $7{,}3 \cdot 10^7 =$

   Kreuze an: ☐ 7 300 000

   ☐ 73 000 000

   ☐ 7 300

   ☐ 0,00000073

M 2016-1

4. Ein Jogger und eine Radfahrerin legen den gleichen Weg zurück. Die Grafik stellt dies dar. 1,5

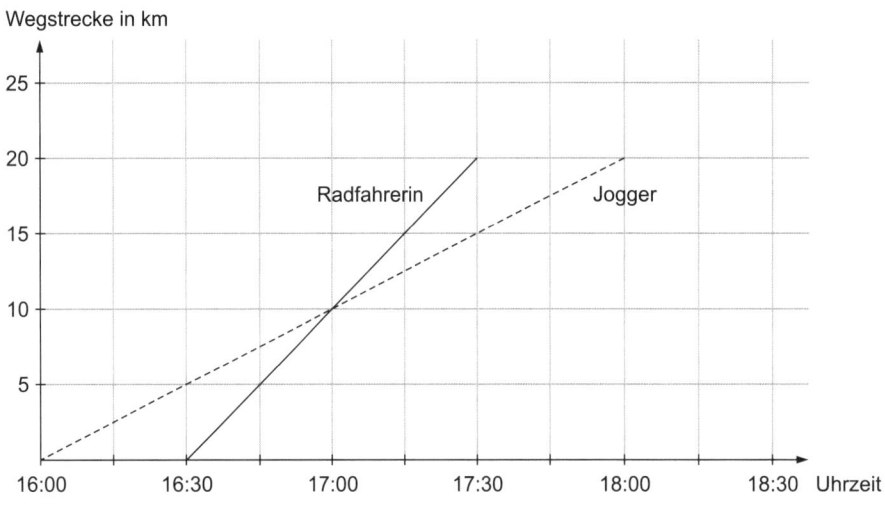

Ergänze die Aussagen.

a) Der Jogger startet _____ Minuten vor der Radfahrerin.

b) In einer Stunde schafft die Radfahrerin _____ Kilometer.

c) Nach _____ Kilometern treffen sie sich.

5. Stefanie hat ihre vierstellige Handy-PIN vergessen. Diese besteht aus den Ziffern 1, 3, 4 und 7, wobei jede Ziffer nur einmal vorkommt. Die 4 steht an letzter Stelle. Stefanie hat sich schon verschiedene Kombinationen überlegt: 1,5

1	3	7	4

3	1	7	4

3	7	1	4

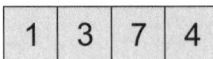

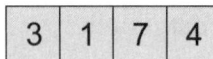

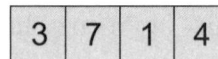

Welche Kombinationen fehlen noch?

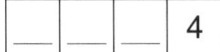

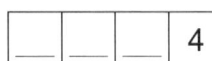

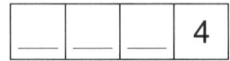

___	___	___	4

___	___	___	4

___	___	___	4

6. Max behauptet: 1,5
„Werden bei einem Rechteck alle Seitenlängen verdoppelt, dann verdoppelt sich auch sein Flächeninhalt."

Hat Max recht? Kreuze an. ☐ Ja ☐ Nein

Begründe deine Entscheidung mit einem Beispiel.

7. Berechne den Flächeninhalt der grau gefärbten Fläche. 2
Rechne mit $\pi = 3$.

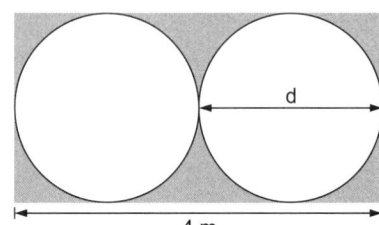

8. Ina hat bei ihrem Handyvertrag 400 Gesprächsminuten pro Monat frei. Ihren bisherigen Verbrauch kann sie aus folgendem Diagramm ablesen:

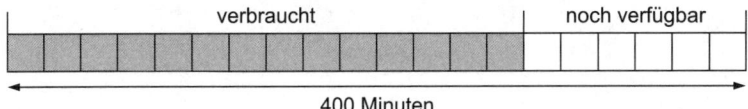

Wie viele Gesprächsminuten hat sie noch frei?

9. Ein Schüler hat eine Gleichung bearbeitet. Dabei hat er einen Fehler gemacht.

a) Unterstreiche den Fehler und verbessere nur diese Zeile.

$$4 \cdot (2x + 2{,}5) + 7 = 20 - 2x + (4 \cdot 5 - 3)$$
$$8x + 10 + 7 = 20 - 2x + 8$$
$$8x + 17 = 28 - 2x \quad | +2x - 17$$
$$10x = 11 \quad | :10$$
$$x = 1{,}1$$

b) Kreuze an, welche Regel bei folgender Umformung nicht beachtet wurde.

$$10x + 3 \cdot 5 = 7 \cdot (3+1) - 2x$$
$$10x = 13$$

☐ Klammern werden zuerst berechnet

☐ Punkt- vor Strichrechnung

☐ Auf beiden Seiten der Gleichung muss die gleiche Rechenoperation durchgeführt werden.

10. Dieser Becher wird gleichmäßig mit Tee gefüllt. Welches Schaubild passt zu diesem Vorgang? Kreuze an.

11. a) Wie viele Kaffeebohnen sind hier ungefähr abgebildet?
Gib eine Anzahl an und begründe das Ergebnis.

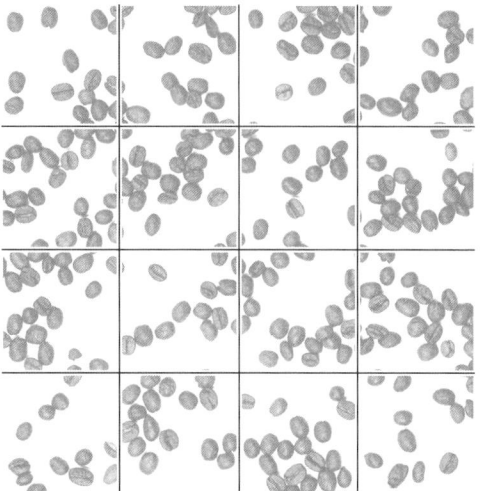

b) Eine geröstete Kaffeebohne wiegt 0,2 g.
Berechne, wie viel Gramm eine Packung mit 2 500 Bohnen wiegt.

Teil B – Aufgabengruppe I

1. Löse folgende Gleichung.

$3 \cdot (1,5x - 2,5) - (3x - 5) + (3,5x + 7) : 0,2 = 12,5x$

2. Raphael möchte am Ende seiner Lehrzeit nach Südamerika reisen.

a) Neun Monate lang spart er für diese Reise. Monatlich spart er 120 €.
Seine Oma schenkt ihm zusätzlich noch ein Drittel des von ihm gesparten Gesamtbetrages.
Berechne, welchen Betrag er dann insgesamt zur Verfügung hat.

b) Seine Eltern legen für ihn einmalig neun Monate lang einen Betrag von 1 500 €
zum Zinssatz von 1,2 % bei der Bank an.
Ermittle rechnerisch, wie viel Geld er einschließlich der Zinsen nach dieser Zeit
von seinen Eltern erhält.

c) Raphael nimmt an, dass die Reise insgesamt 3 500 € kostet. Darin ist ein Betrag
von 500 € als „Taschengeld" eingeplant.
Berechne den Prozentsatz des Taschengeldes an den gesamten Reisekosten.

3. Herr Huber macht mit seiner kleinen Tochter Sofia eine Radtour. Mit seinem Herrenrad legt er pro Pedalumdrehung (siehe Skizze) 4,50 m zurück.
Sofia schafft mit ihrem Kinderrad nur 2,50 m pro Pedalumdrehung.

a) Bestimme die fehlenden Werte.

Herr Huber

Pedalumdrehungen	80	150	
zurückgelegte Strecke in m	360	675	900

Sofia

Pedalumdrehungen	40	150	350
zurückgelegte Strecke in m		375	875

b) Stelle jeweils den Graphen für Sofia und ihren Vater in einem gemeinsamen Koordinatensystem dar.
Rechtswertachse: 50 Pedalumdrehungen $\triangleq$ 1 cm
Hochwertachse: 100 Meter $\triangleq$ 1 cm

c) Die Radtour endet nach 3,6 km. Berechne, wie viele Pedalumdrehungen Sofia mehr machen musste als ihr Vater.

4. Ein Werkstück besteht aus einem Halbzylinder und einer quadratischen Pyramide ($h_P = 16$ cm; $h_S = 20$ cm). Berechne das Volumen des Werkstücks.

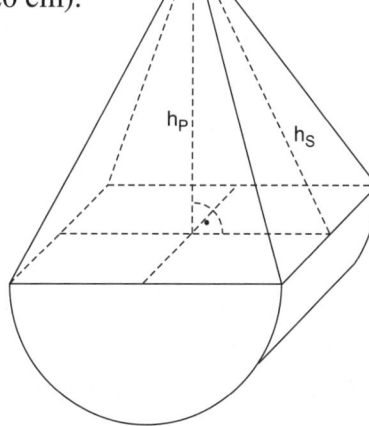

Hinweis: Skizze nicht maßstabsgetreu

Teil B – Aufgabengruppe II

1. Die Eisdiele Abruzzo verkaufte an einem Samstag insgesamt 540 Kugeln Eis.
   Sie bietet die Sorten Schokolade, Vanille, Zitrone und Erdbeere an.

   Vom Vanilleeis wurden 40 Kugeln weniger verkauft als vom Zitroneneis. Von der Sorte Erdbeere wurden viermal so viele Kugeln verkauft wie von der Sorte Vanille. Vom Schokoladeneis wurden 80 Kugeln verkauft.

   Wie viele Kugeln Eis wurden von jeder Sorte verkauft?
   Löse mithilfe einer Gleichung.

2. a) Zeichne ein regelmäßiges Sechseck mit einer Seitenlänge von 5 cm.

   b) Berechne den Flächeninhalt des Sechsecks.

3. Charlotte interessiert sich für ein Mountainbike, einen Helm und ein Paar Knieschoner.

   a) Das Mountainbike kostet 550 €. Da es sich um ein Auslaufmodell handelt, erhält sie auf diesen Preis 12 % Rabatt.
      Berechne den neuen Fahrradpreis.

   b) Der Helm ist um 20 % reduziert und kostet jetzt noch 79 €.
      Ermittle rechnerisch, wie viele Euro sie beim Kauf des Helms spart.

   c) Der Preis der Knieschoner beträgt einschließlich Mehrwertsteuer 49,98 €.
      Hier bekommt sie die Mehrwertsteuer von 19 % „geschenkt".
      Gib den Aktionspreis für die Knieschoner an.

   d) Charlotte kauft nur den Helm. Bei Barzahlung erhält sie auf ihren Einkauf nochmals 2 % Skonto.
      Berechne, wie viel sie dann bar bezahlen muss.

4. Aus einem Zylinder mit dem Radius $r = 5$ dm und der Körperhöhe $h_K = 12$ dm wird ein Viertel herausgeschnitten.
   Berechne die gesamte Oberfläche des entstandenen Körpers.

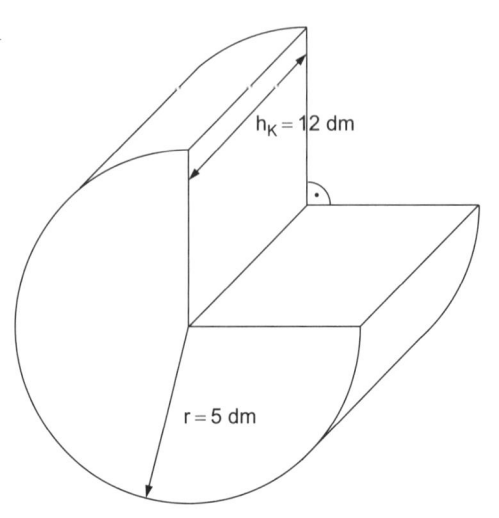

   Hinweis:
   Skizze nicht maßstabsgetreu

Teil B – Aufgabengruppe III

1. Löse folgende Gleichung.

$$\frac{1}{8} \cdot (2x + 6) = \frac{1}{2} - 2x + 2 + \frac{3x + 8}{4}$$

2. a) Zeichne in ein Koordinatensystem mit der Einheit 1 cm die Punkte A(7|5) und C(5|7) ein und verbinde sie zur Strecke [AC].

   b) Zeichne die Senkrechte zur Strecke [AC] durch den Punkt A.

   c) Zeichne den Punkt D(5|3) ein. Wähle den Punkt B so, dass das Parallelogramm ABCD entsteht, und zeichne es.

   d) Der Punkt D soll die Strecke [AH] halbieren. Zeichne den Punkt H entsprechend ein und gib seine Koordinaten an.

3. In einer Fensterscheibe sind vier gleiche, farbige Glasscheiben eingesetzt. Sie haben jeweils die Form einer Raute (siehe Abbildung). Berechne die Gesamtfläche des farbigen Glases.

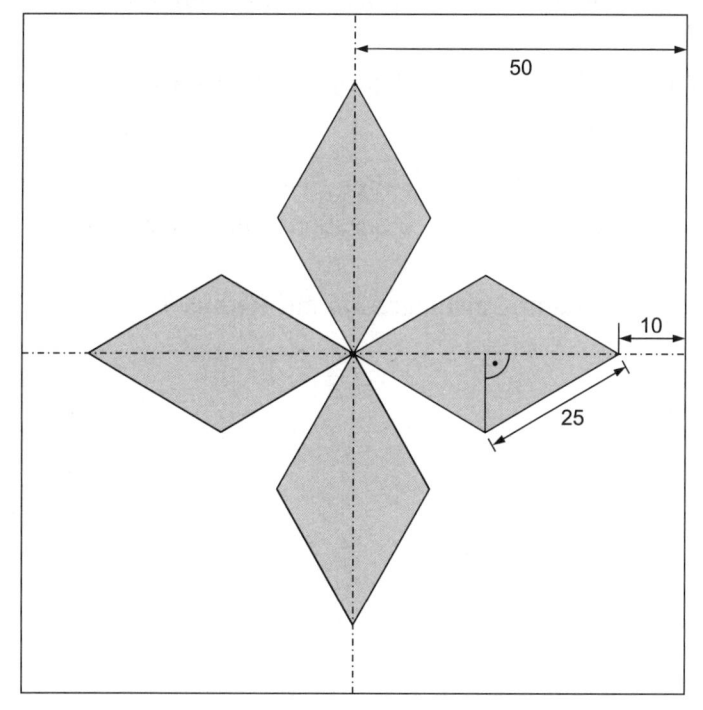

Maße in cm

Hinweis: Skizze nicht maßstabsgetreu

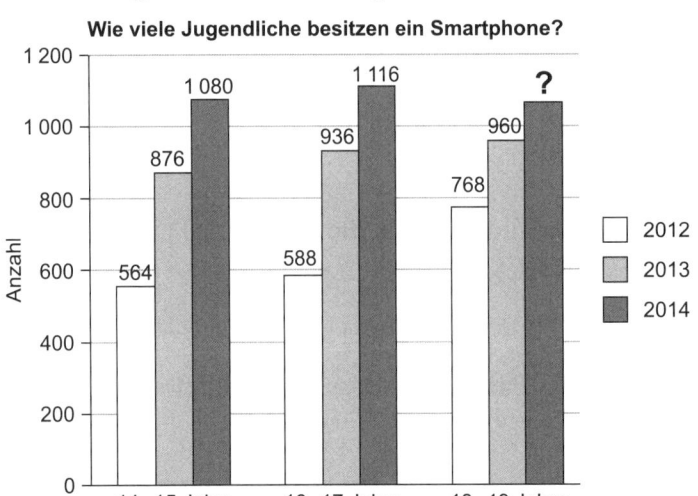

4. In den Jahren 2012 bis 2014 wurden in jeder Altersgruppe jeweils 1 200 Jugendlichen befragt, ob sie ein Smartphone besitzen.

Wie viele Jugendliche besitzen ein Smartphone?

14–15 Jahre: 2012: 564, 2013: 876, 2014: 1 080
16–17 Jahre: 2012: 588, 2013: 936, 2014: 1 116
18–19 Jahre: 2012: 768, 2013: 960, 2014: ?

Daten nach: Medienpädagogischer Forschungsverbund Südwest (Hrsg.): JIM 2014. Jugend, Information, (Multi-)Media. Stuttgart: November 2014, S. 45

a) Berechne den prozentualen Anstieg der Smartphone-Besitzer von 2012 auf 2014 in der Altersgruppe der 14- bis 15-Jährigen.

b) In der Altersgruppe der 18- bis 19-Jährigen stieg die Anzahl der Smartphone-Besitzer von 2013 auf 2014 um 11,25 %.
Ermittle rechnerisch, wie viele Jugendliche dieser Altersgruppe demnach 2014 ein Smartphone besaßen.

c) Im Jahr 2014 wurden zusätzlich 1 200 Jugendliche im Alter zwischen 12 und 13 Jahren befragt. 80 % besaßen ein Smartphone, 15 % besaßen keines, der Rest machte keine Angabe.
Stelle das Ergebnis dieser Umfrage in einem Kreisdiagramm mit Radius 4 cm dar.

Qualifizierender Abschluss der Mittelschule Bayern 2017
Mathematik

Teil A – Hilfsmittelfreier Teil Punkte

1. In der Klasse 9a sind 24 Jugendliche. Am Dienstag waren 25 % nicht da. 1
   Gib an, wie viele Jugendliche anwesend waren.

2. Welche Netze können zu einem Quader gefaltet werden? 1
   Kreuze alle richtigen Lösungen an.

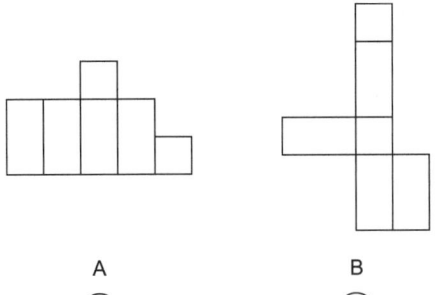

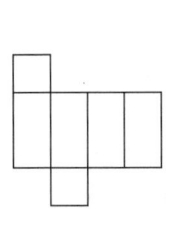

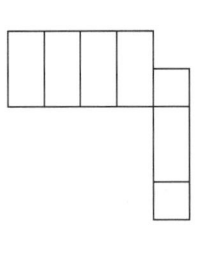

   A B C D

3. Fülle den Platzhalter so aus, dass die Gleichung stimmt. 1

   $35\% - 0{,}08 + 0{,}25 + \boxed{} = 100\%$

4. Das Gitter besteht aus acht gleichen Rechtecken. 2
   Berechne den Umfang der grau gefärbten Fläche.

   6 cm
   8 cm

   Hinweis: Skizze nicht maßstabsgetreu

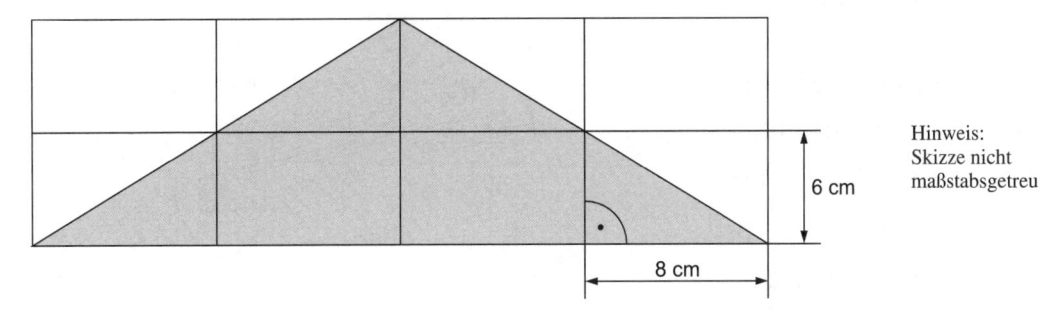

5. Martina hat zwei Meerschweinchen. 2
   Eine Packung Futter reicht für 30 Tage und kostet 4,95 €.

   a) Berechne, wie lange eine Packung für drei Meerschweinchen ausreicht.

   b) Gib an, wie viel sie für 6 Packungen bezahlen muss.

M 2017-1

6. Zeichne das Koordinatensystem so ein, dass die Punkte A und B korrekt eingetragen sind.

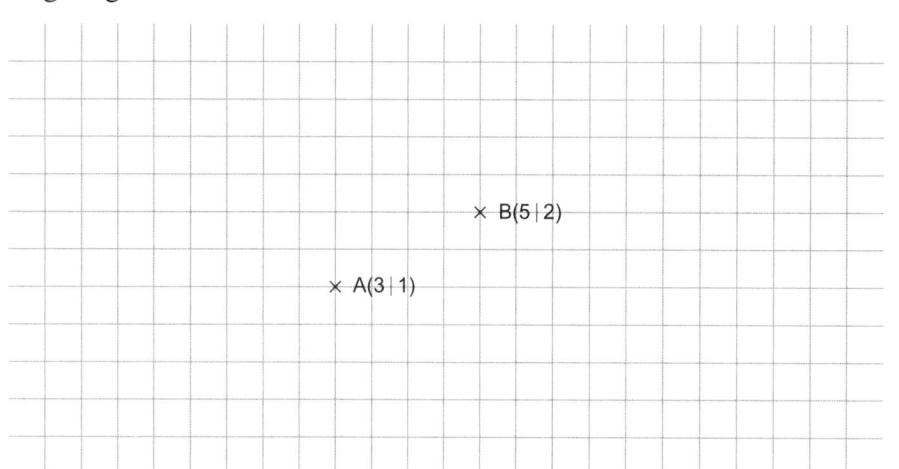

7. Berichtige nur die Zeile, in der ein Fehler gemacht wurde.

$5 \cdot (6x - 3) - 3 \cdot (4x + 3) = 12$ _____

$30x - 15 - 12x - 9 = 12$ _____

$18x - 6 = 12$ _____

$18x = 18$ _____

$x = 1$ _____

8. Das Kreisdiagramm zeigt, wie Jugendliche zu ihrer Mittelschule kommen.

Welche Aussage kann nicht stimmen? Kreuze an und begründe deine Entscheidung anhand des Kreisdiagramms.

☐ 15 % kommen mit dem Rad.
☐ 11 % kommen mit den Eltern.
☐ 25 % kommen mit dem Bus.
☐ 9 % kommen mit dem Moped.
☐ 40 % kommen zu Fuß.

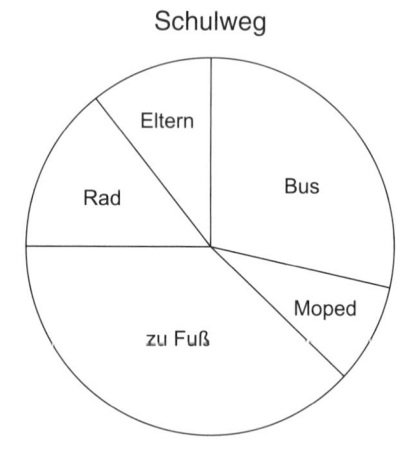

Begründung:

_____

_____

_____

9. Setze korrekt ein (> oder < oder =).

a) $\sqrt{144}$ ☐ 5^2

b) $\dfrac{2}{50}$ ☐ $0{,}04$

c) $0{,}02\,\text{m}$ ☐ $2\,\text{cm}$

d) $2{,}7 \cdot 10^4$ ☐ $4\,300$

10. Ein Mann steht neben einer Werbetafel (siehe Abbildung).
Schätze den Flächeninhalt der Werbetafel in m² ab und begründe dein Vorgehen.

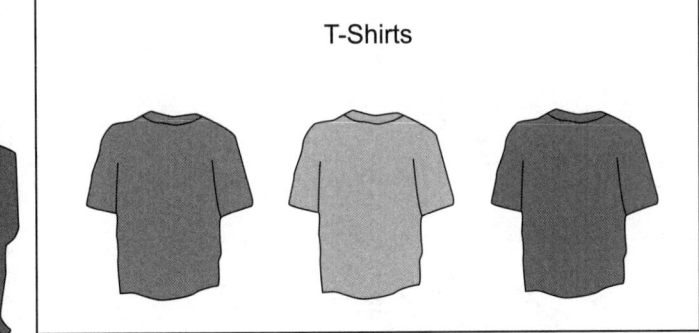

11. Die Grafik zeigt die Anzahl der Smartphone-Nutzer und die Bevölkerungszahl ausgewählter Länder im Jahr 2015.

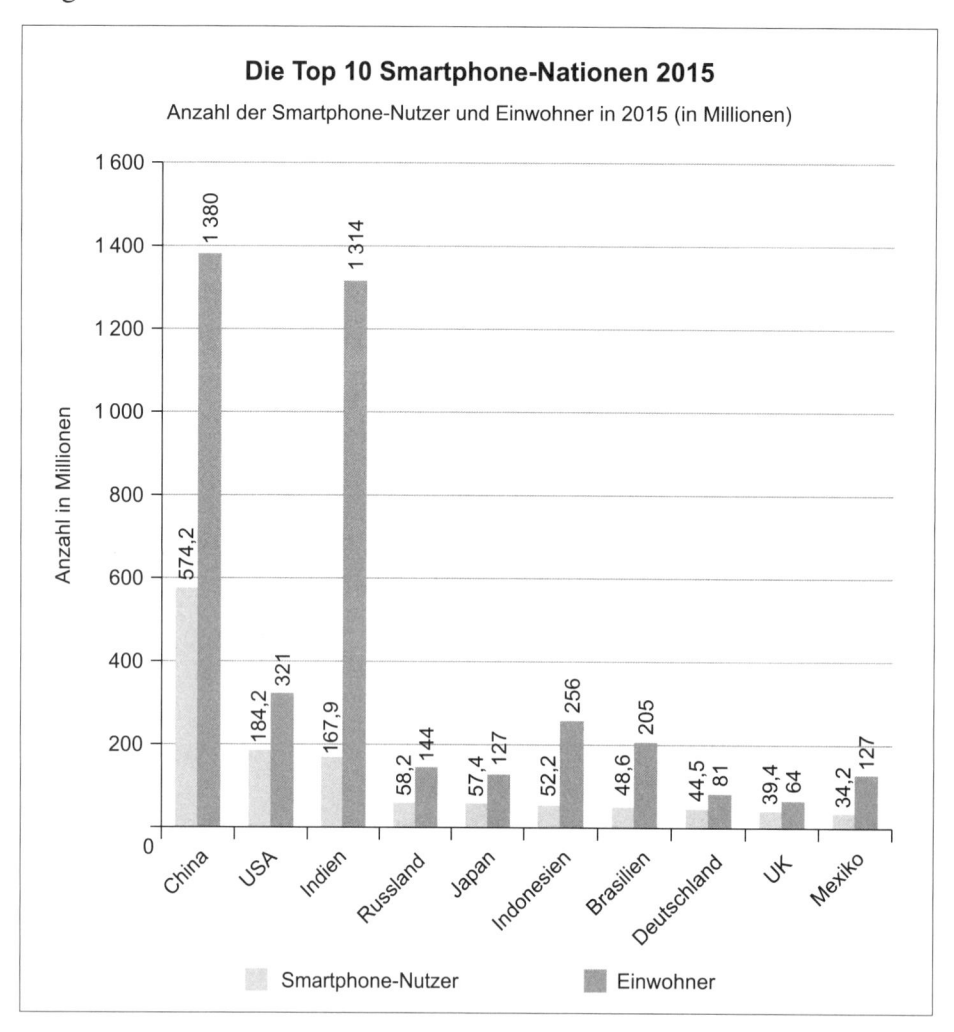

Die Top 10 Smartphone-Nationen 2015
Anzahl der Smartphone-Nutzer und Einwohner in 2015 (in Millionen)

Land	Smartphone-Nutzer	Einwohner
China	574,2	1 380
USA	184,2	321
Indien	167,9	1 314
Russland	58,2	144
Japan	57,4	127
Indonesien	52,2	256
Brasilien	48,6	205
Deutschland	44,5	81
UK	39,4	64
Mexiko	34,2	127

Eigene Darstellung nach: eMarketer

Kreuze entsprechend an: richtig   falsch

a) Mehr als 50 % der Deutschen nutzen ein Smartphone.   ☐   ☐

b) In den USA leben mehr Menschen als in Indien.   ☐   ☐

c) In China benutzen etwa zehnmal so viele Menschen ein   ☐   ☐
   Smartphone wie in Japan.

d) Mehr als drei Viertel der Menschen in Brasilien nutzen   ☐   ☐
   kein Smartphone.

Teil B – Aufgabengruppe I

1. Löse folgende Gleichung.

   $$\frac{x}{2} - 4 \cdot (7-x) = \frac{1}{5} \cdot (75-3x) + 8$$

2. Ein Kegel hat die Körperhöhe $h_K = 24$ cm.
   Die Grundfläche hat den Radius $r = 10$ cm.

   a) Berechne das Volumen des Kegels.

   b) Ermittle rechnerisch die Länge der Mantellinie s des Kegels.

   c) Ein anderer Kegel hat eine Grundfläche mit einem Flächeninhalt von $G = 706{,}5$ cm². Berechne den Umfang der Grundfläche des zweiten Kegels.

   Hinweis: Skizze nicht maßstabsgetreu

3. a) Zeichne in ein Koordinatensystem (Einheit 1 cm) die Punkte A(1|2) und C(6|7) ein und verbinde sie zur Strecke [AC].

   Hinweis zum Platzbedarf: x-Achse von –1 bis 9, y-Achse von –1 bis 9

   b) Zeichne ein gleichschenkliges Dreieck AFC mit der Basis [AC]. Der Punkt F soll auf der x-Achse des Koordinatensystems liegen.

   c) Die Strecke [AC] ist eine Diagonale des Quadrats ABCD.
   Zeichne dieses Quadrat und beschrifte es.

4. Die insgesamt 51 Schülerinnen und Schüler der 9. Klasse einer Mittelschule wurden zu ihren Plänen nach dem Abschluss befragt.

Was willst du nach dem Abschluss machen?			
Klasse	Ausbildung	Mittleren Schulabschluss	Sonstiges (z. B. FSJ)
9a	18	?	4
9b	16	2	6

   a) Gib die Anzahl der Schülerinnen und Schüler der Klasse 9a an, die einen mittleren Schulabschluss erwerben wollen.

   b) Berechne, um wie viel Prozent die Anzahl der Jugendlichen, die eine Ausbildung beginnen wollen, in Klasse 9a größer ist als in Klasse 9b.

   c) Stelle die Angaben der Klasse 9b in einem Kreisdiagramm (Radius $r = 6$ cm) dar.

Teil B – Aufgabengruppe II

1. Löse folgende Gleichung.

    $0{,}8 \cdot (7{,}5x - 12) - 10x + 51{,}6 = 6 - 16 \cdot (13x - 40{,}5)$

2. Mona und ihre Freundin Kati interessieren sich beide für Motorroller.

    a) Mona bekommt folgende zwei Angebote:

    Angebot 1: 4 275 €, 12 % Rabatt auf diesen Preis!

    Angebot 2: 3 995 €, Wir bieten Ihnen 3 % Skonto bei Barzahlung!

    Ermittle, welches dieser beiden Angebote günstiger ist.

    b) Kati kauft einen Roller, der von 4 100 € auf 3 567 € reduziert wurde.
    Berechne, wie viel Prozent der Rabatt beträgt.

    c) Um den Roller zu kaufen, muss Kati 10 Monate lang einen Kredit in Höhe von 3 300 € zu einem Zinssatz von 4,5 % aufnehmen.
    Berechne die tatsächlichen Anschaffungskosten für Katis Roller.

3. Die nachstehende Abbildung zeigt einen Richtungspfeil.

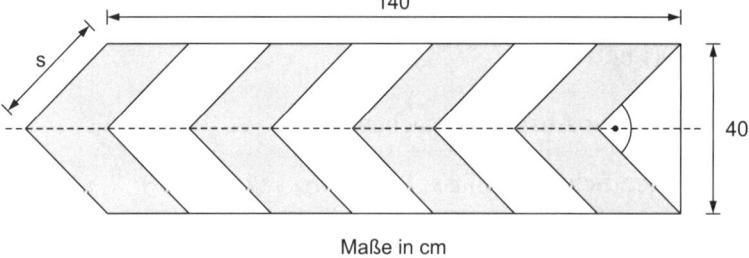

    Maße in cm

    Hinweis: Skizze nicht maßstabsgetreu

    a) Die dunkel gefärbten Flächen werden mit reflektierender Folie beklebt.
    Berechne, wie viele m² Folie aufgeklebt werden.

    b) Berechne die Länge der Strecke s in cm.

4. Aus einem Holzwürfel soll ein möglichst großer Zylinder hergestellt werden (siehe Skizze).

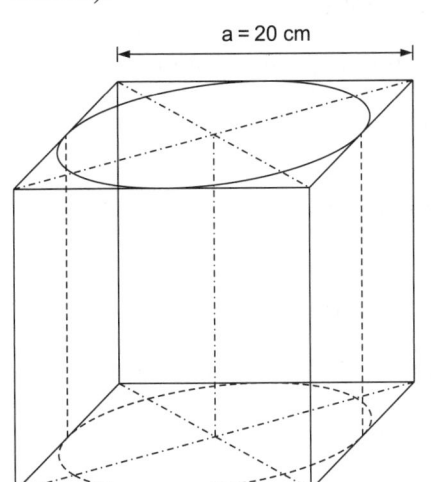

a = 20 cm

Hinweis: Skizze nicht maßstabsgetreu

a) Berechne das Volumen des Holzes, das dafür entfernt werden muss.

b) Ermittle den Oberflächeninhalt des entstehenden Zylinders.

Teil B – Aufgabengruppe III

1. Die Händler A, B, C und D beliefern eine Nudelfabrik mit insgesamt 48 700 Eiern.

Händler B liefert 4 600 Eier mehr als Händler A. Händler C liefert doppelt so viele Eier wie Händler B. Händler D bringt 4 100 Eier.

Wie viele Eier liefert jeder Händler an?
Löse mithilfe einer Gleichung.

2. Der Flächeninhalt des hellgrauen Dreiecks beträgt 144 cm².
Berechne den Flächeninhalt und den Umfang des dunkelgrauen Quadrats.

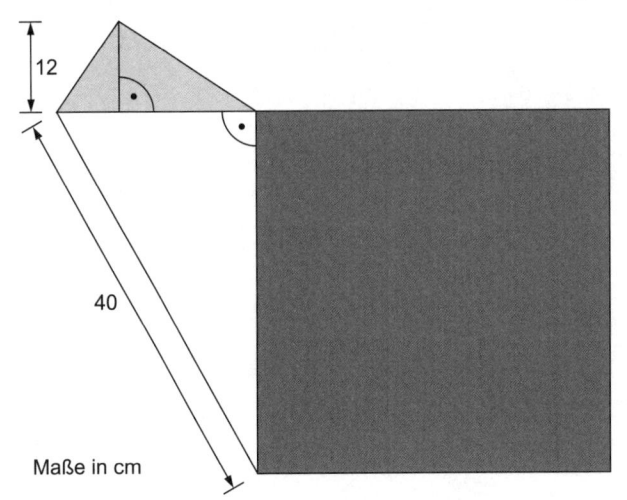

12

40

Maße in cm

Hinweis: Skizze nicht maßstabsgetreu

3. Aus 1 350 kg Äpfeln werden 500 ℓ Apfelsaft hergestellt.

a) Berechne, wie viele kg Äpfel man für 35 ℓ Apfelsaft benötigt.

b) Ermittle, wie viele Liter Apfelsaft man aus 540 kg Äpfeln herstellen kann.

c) 35 ℓ Apfelsaft werden in Flaschen zu je 0,7 ℓ abgefüllt.
In eine Getränkekiste passen 12 dieser Flaschen.
Gib an, wie viele Getränkekisten diese 35 ℓ Apfelsaft ergeben.

4.

Berufe	Monatslohn während der Ausbildung		
	1. Ausbildungsjahr	2. Ausbildungsjahr	3. Ausbildungsjahr
Bäcker/-in	470 €	600 €	730 €
Friseur/-in	394 €	?	596 €
Florist/-in	539 €	580 €	642 €

Quelle: Bundesamt für Berufsbildung, 2015

a) Berechne den durchschnittlichen Monatslohn einer Floristin in den drei Ausbildungsjahren.

b) Ermittle, wie viel Prozent ein Bäcker im 2. Ausbildungsjahr mehr verdient als im 1. Ausbildungsjahr.

c) Der Monatslohn eines Friseurs ist im 3. Ausbildungsjahr um 21 % höher als im 2. Ausbildungsjahr.
Berechne seinen Monatslohn im 2. Ausbildungsjahr. Runde auf ganze Euro.

Teil A: Rechtschreiben

Rechtschreibung I

Modifiziertes Diktat

Schreibe den Text nach Diktat auf. Überarbeite ihn anschließend mithilfe gelernter Strategien und mit dem Wörterbuch.

_____ von 8 P

Rechtschreibung II

1. Welche Rechtschreibstrategie hilft, sich für die richtige Schreibung zu entscheiden? Kreuze an.

Beispielwörter	Lösungsstrategie
Müdigkeit **L**eistungsminderung **K**rankheit	☐ die Grundform bilden ☐ deutlich sprechen ☐ auf die Endung achten ☐ ein verwandtes Wort suchen
Verspa**nn**ungen Schlafzi**mm**er Ti**pp**	☐ die Artikelprobe durchführen ☐ das Wort steigern ☐ auf ein Signalwort achten ☐ auf den vorausgehenden Vokal achten

_____ von 1 P

2. Setze im folgenden Text die vier fehlenden Satzzeichen ein.

   Sind Sie eine Eule oder eine Lerche

   Wer sich nun fragt was damit gemeint ist, sollte wissen dass es sich hierbei um verschiedene Schlaftypen handelt. In jedem Menschen tickt eine innere Uhr, die bestimmt, wann wir müde werden

   _____ von 2 P

3. Beantworte die Fragen zu folgendem Wörterbucheintrag.

   > **Rhyth|mus**, der; –, ... men (griech.) (regelmäßige Wiederkehr; geregelter Wechsel; Zeit-, Gleichmaß; taktmäßige Gliederung); *Rhyth|mik*, die; – (Art des Rhythmus; auch Lehre vom Rhythmus); *rhyth|misch* (den Rhythmus betreffend; gleich-, taktmäßig); rhythmische Gymnastik; *rhyth|mi|sie|ren* (in einen bestimmten Rhythmus bringen); *Rhyth|mus- ... gi|tar|re, ... grup|pe, ... instrument*

   a) Wie lautet das Wort im Plural?

   _____

   b) Aus welcher Sprache stammt das Wort ursprünglich?

   _____

c) Was bedeutet der senkrechte Strich im Wort?

d) Wie heißt das dazugehörige Verb?

_____ von 2 P

4. Im folgenden Text sind sechs Wörter falsch geschrieben. Suche sie heraus und schreibe sie fehlerfrei auf.

Immer zu wenig Schlaf erhöt das Riesiko für körperliche und seelische Erkrankungen. Schlafmangel führt zu Morgendlichen Verspannungen und übermäsiger Tagesmüdigkeit. Eine erholsame Nachtruhe ist der Garand für Fittness und Ausgeglichenheit.

a) _____
b) _____
c) _____
d) _____
e) _____
f) _____

_____ von 3 P

Erreichte Gesamtpunktzahl: _____ von 16 Punkten

Teil B: Schriftlicher Sprachgebrauch

Text 1

Nie mehr

Marion sitzt direkt unter dem Fenster an ihrem Tisch und macht Hausaufgaben. Es ist so die Zeit. Nach dem Mittagessen, ab zwei bis ungefähr vier, halb fünf, je nachdem. Manchmal guckt Marion durchs Fenster in den trüben, grauen Oktobernachmittag. Und ab drei Uhr guckt sie immer öfter hoch, rüber zu dem Balkon vom Altersheim. Der liegt genau in ihrem Blickfeld. Die bunten Blumenkästen haben sie längst reingebracht. Der Balkon ist leer und glänzt dunkel vor Feuchtigkeit.

Das ist jetzt schon der zweite Tag, an dem sie nicht kommt. Sie – das ist die alte Frau aus dem Heim drüben. Marion nennt sie heimlich für sich „die Vogelalte". Jeden Nachmittag im Herbst und Winter füttert sie die Vögel. Das läuft Tag für Tag gleich ab: Irgendwann zwischen drei und vier, immer zwischen drei und vier, nie früher oder später, geht drüben die Balkontür auf. Eine dicke, alte Frau, auf zwei Stöcke gestützt – sie hat jedes Mal Schwierigkeiten, entweder mit den Stöcken oder mit der Türklinke – watschelt auf den Balkon. An ihrem unförmigen, dicken Körper hängen, krumm und nach innen gebogen, die Beine, als würden sie sich biegen unter dem Gewicht. Watscheln ist eigentlich ein lustiges Wort, aber Marion fällt kein anderes ein, das so genau den Gang der Frau beschreiben könnte. Aber es sieht nicht lustig aus, wie sie geht. Kein bisschen. Eher beschwerlich.

Zuerst läuft die Frau auf dem Balkon hin und her. Langsam. Ganz langsam. Wie das Pendel einer riesigen Uhr. Hin-tick, nach links, her-tack, nach rechts. Nach einer Weile bleibt sie stehen. Direkt am Geländer. Sie hängt ihre beiden Stöcke daran und stützt sich darauf, hält sich fest und lässt sich vor-, zurück-, vor-, zurückschaukeln. Dann lehnt sie nur noch vorn mit dem Bauch gegen das Geländer, lässt es los und kramt mit den Händen in ihren Manteltaschen. Marion hat sie noch nie in einem anderen Mantel gesehen. Schwarz, oben ein kleiner Pelzkragen, mit drei riesigen, glänzenden Knöpfen zugeknöpft. Und so altmodisch! Und nie hat Marion sie etwas anderes aus der Tasche holen sehen als die rote Plastiktüte. Sachte wird sie aufgewickelt. Ein Stück Brot kommt zum Vorschein. Stückchen für Stückchen wird es mit zittrigen, runzeligen Händen zerkrümelt und fliegt in eine aufgeregt flatternde, nickende, pickende Vogelversammlung. Tauben und Spatzen zanken sich um das Brot. Und die Alte hört mittendrin auf und schaut ihnen zu. Dann verteilt sie sehr langsam und bedächtig die letzten Krümel. Das rote Plastiksäckchen wird zurückgesteckt. Jetzt läuft alles wieder genauso ab wie vorher, nur so, als liefe nun der Film rückwärts: Die Alte steckt den Beutel ein. Schaukelt vor, zurück am Geländer. Nimmt die Stöcke wieder. Läuft hin, her, hin. Und geht vom Balkon, wobei sie wieder Schwierigkeiten mit der Tür hat.

Und heute ist sie nicht da. Marion schaut nicht jeden Tag so genau nach ihr. Bloß wenn sie Langeweile hat, guckt sie ihr die ganze Zeit zu. Dann überlegt sie, ob die Frau wohl Kinder hat. Und wie viele? Wo die wohl wohnen? Ob sie überhaupt verheiratet war? Sicher war sie früher mal nicht so dick. Und vielleicht ein sehr schönes junges Mädchen. Bestimmt war sie mal so alt wie Marion. Und ein winziges Baby war sie auch mal. Jetzt ist sie dick und alt und ganz allein da auf dem Balkon. Marion kann sich richtig vorstellen, wie sie beim Frühstück ihr Brot in das Plastiksäckchen schiebt. Bestimmt verstohlen und heimlich. Und wahrscheinlich lächelt sie ein bisschen dabei, weil sie daran denkt, wie sich am Nachmittag die Vögel darum streiten werden. Vielleicht ist die bloß krank? In einer Woche oder zwei, drei Wochen – bei alten Leuten dauert das ja immer länger, denkt Marion – da wird sie wieder drüben stehen. Aber vier Wochen vergehen, sechs, acht. Früher hat Marion nicht jeden Tag auf die Frau gewartet. Sie hat einfach nur gesehen, wie sie drüben stand, so, wie sie einen Bus oder einen Zug sehen würde, der an einem bestimmten Ort zu einer bestimmten Zeit täglich eine Stunde steht.

Jetzt wartet Marion. Die Alte fehlt ihr. Sie hatte sich an ihren Anblick, an ihr Dasein gewöhnt. Und die Alte hatte zu ihrer Umgebung gehört, ohne dass sie es richtig gemerkt hatte.

Nach einem Vierteljahr wartete Marion nicht mehr. Die Frau war nicht krank gewesen. Sie war gestorben. Hinter den Fensterscheiben drüben im Altersheim hatte Marion schon eine Neue gesehen. Zwischen den anderen, die sie wie die „Vogelalte" nur vom Ansehen kannte. Die Neue fiel durch ihr schneeweißes Haar besonders auf.

Marion würde die „Vogelalte" nie, nie mehr sehen. Da erst fiel ihr ein, dass sie nicht mal wusste, wie die Frau geheißen hat. Keinen Namen wusste sie. Nie hatte sie ein Wort mit ihr gesprochen. Noch nicht mal zugewinkt hatte sie ihr. Dabei war es ihr jetzt, als wäre etwas, was sie sehr lieb hatte, fortgegangen. Sie dachte, die Frau mit den schneeweißen Haaren wird auch sterben. Sie sind alle bis zum Tod da drüben. Keine geht einfach so weg. Und immer kommen andere nach. Es war das erste Mal, dass sie zum Altersheim rüberguckte und so was dachte.

Quelle: Susanne Kilian: Nie mehr. In Pech, K.-U. und Siegle, R. (Hrsg.): Schlaglichter. Zwei Dutzend Kurzgeschichten. Stuttgart 2008.

Abbildung 1

Arbeitsaufträge

Inhalt/Sprache

1. Fasse den Inhalt der Kurzgeschichte in wenigen Sätzen zusammen. 2/2

2. Marion nennt die alte Frau, die sie beobachtet, „Vogelalte".
    a) Erkläre diesen Namen aus dem Textzusammenhang. 1/1
    b) Zitiere vier kurze Textstellen, welche die „Vogelalte" gut beschreiben. 2/1

3. Die Autorin verwendet folgendes sprachliche Bild: „als liefe nun der Film rückwärts" (Z. 62).
    Erkläre die Bedeutung aus dem Textzusammenhang mit eigenen Worten. 1/1

4. Jahreszeiten haben in der Literatur eine besondere Bedeutung.
    a) Schreibe aus dem Text zwei Stellen heraus, die auf den Herbst verweisen. Stichpunkte genügen. 1/0
    b) Warum wird in der Literatur oft der Herbst mit dem Alter und dem Sterben in Verbindung gebracht? Erkläre mit eigenen Worten. 2/2

5. Eine Kurzgeschichte hat bestimmte Kennzeichen, z. B.:
    - *ein unvermittelter Beginn ohne Einleitung*
    - *ein offener Schluss*
    - *Alltagssituation*
    - *kurze, auch unvollständige Sätze*
    - *Aufzählungen und Wiederholungen*

    Wähle zwei Kennzeichen aus, die auf die vorliegende Kurzgeschichte zutreffen.
    Zeige mit eigenen Worten an zwei Textstellen, dass diese Merkmale hier erfüllt sind. 2/2

6. Vielleicht hat auch die „Vogelalte" Marion beobachtet. Stelle dir vor, du bist diese alte Dame.
    Formuliere in einem zusammenhängenden Text ihre möglichen Gedanken und Fragen. 2/2

7. Alte und junge Menschen haben heute im Alltag oft wenig miteinander zu tun. Die Karikatur (Abb. 1) zeigt, dass es aber auch anders gehen kann.
    a) Beschreibe die Karikatur. 1/1
    b) Erläutere ausführlich an drei weiteren Beispielen, wie sich Jung und Alt sinnvoll gegenseitig unterstützen und ihr Leben bereichern können. 3/3

    32

Text 2

Deutschlands fleißige Kids

Hierzulande arbeiten viele Kinder. Weil sie sich etwas leisten wollen. Und weil sie ihre Eltern nicht anbetteln wollen.

Der 14-jährige Robert zieht den Reißverschluss seiner Trainingsjacke hoch, weil es morgens um acht noch ganz schön kühl ist. Dann stöpselt er die Kopfhörer ins Ohr und schiebt mit dem Rollkoffer los, in dem 330 Zeitungen gestapelt sind. 13 Straßen und 316 Briefkästen warten auf ihn. „Drei Cent pro Zeitung, ein Cent für Werbung", erklärt er. Sein Einkommen schwankt zwischen 50 und 80 Euro im Monat. Samstags ist mehr drin, weil mehr Werbebeilagen in der Zeitung stecken. „Das ist wenig Arbeit für viel Geld", findet der Junge, „in der Stadt laufe ich doch sowieso herum. Es lohnt sich, samstags ein bisschen früher aufzustehen."

Was Robert macht, ist Kinderarbeit – auch wenn das Wort im Sozialstaat Deutschland fremd klingt. Kinderarbeit, dieses Wort ist reserviert für Entwicklungsländer am anderen Ende der Welt, in denen kleine Jungs und Mädchen im Bergbau, auf dem Feld oder in Fabriken schuften müssen, damit die Familie überlebt.

Und doch arbeiten Millionen Kinder in Deutschland aus freien Stücken – und ihre Eltern finden das gut. Bis zum Ende ihrer Pflichtschulzeit haben 80 Prozent der deutschen Schüler zwischen 12 und 17 Jahren Erfahrungen mit Erwerbsarbeit gesammelt. Auf Zetteln in Supermärkten, durchs Hörensagen, auf Internetportalen hinterlassen Arbeit suchende Kinder ihre Botschaften: „Bin zuverlässig und würde gerne auf Kinder aufpassen, Hunde ausführen oder Prospekte verteilen."

Unter 13 Jahren ist Kindern die Arbeit hierzulande grundsätzlich verboten, über 15 ist sie grundsätzlich erlaubt – und die Kids dazwischen haben nur sehr eingeschränkte Möglichkeiten, ihr Taschengeld aufzubessern. Als typische Beispiele nennt das Gesetz Arbeiten für Privathaushalte – Babysitten, Gassi gehen, Rasen mähen – oder einen Job als Zeitungsausträger. Die Eltern müssen einverstanden sein. Maximal zwei Stunden dürfen Kinder ab 13 täglich arbeiten – nicht vor acht Uhr morgens und nicht nach 18 Uhr. Die Verbote sollen vor Ausbeutung und Gefahren schützen. Nicht zu schwer, nicht zu lang und freiwillig muss die Arbeit sein – „kindgerecht" eben.

Meistens sind die Kinder stolz auf ihre Arbeit und ihre Entlohnung. Von den Eltern werden sie gelobt und bestärkt, wenn sie Nachhilfestunden geben oder Botengänge erledigen. Jonny liefert für eine Apotheke Medikamente aus. 40 bis 50 Euro verdient er in der Woche, „... und das Geld hat mehr Wert, weil ich es selbst verdient habe." Also denkt er auch mehr darüber nach, wofür er sein Geld ausgibt: Er geht mit Freunden aus, lädt auch mal ein Mädchen ein, zahlt einen Teil seiner Handykosten oder kauft einfach, was ihm gefällt, ohne seine Mutter zu fragen.

Was für die Kinder ein Stück Selbstbestimmung ist, bringt Kinderschützer auf die Palme. „Die billige Arbeitskraft der Kinder hat wieder mehr Konjunktur", schreibt Buchautor Heinrich von der Haar. Er beruft sich auf „Kinderrechte" und „Kinderinteressen" gegen die Profitgier ihrer Arbeitgeber. Er fordert eine „Verschärfung des Kinderarbeitsverbots" und klagt die Rechte der Kinder ein. Der oberste deutsche Kinderschützer Heinz Hilgers mahnt die Einhaltung des Jugendschutzgesetzes an: „Es wird viel zu wenig kontrolliert."

Diese Bedenken sind durchaus berechtigt, um Kinder vor Ausbeutung zu schützen. Gleichzeitig bleiben dabei die guten Seiten, dass das Kind lernt sich anzustrengen, seine Zeit einzuteilen und seine Einnahmen zu verwalten, oft ungesehen. In einer Befragung gaben Kinder an, dass sie ihren Job durchweg positiv sehen. Sie betonen, dass ihnen neben dem Geld vor allem die Anerkennung wichtig ist.

Die Beschäftigung von Kindern ist eine Tatsache, die nicht ignoriert werden kann. Allerdings sind die Bedingungen zu prüfen.

Quelle: gekürzt und verändert nach: Unverzagt, Gerlinde: Deutschlands fleißige Kids. Frankfurter Allgemeine Sonntagszeitung, 15. Juli 2012.

Auszüge aus dem Jugendarbeitsschutzgesetz

§2 Kind, Jugendlicher

(1) Kind im Sinne dieses Gesetzes ist, wer noch nicht 15 Jahre alt ist.

(2) Jugendlicher im Sinne dieses Gesetzes ist, wer 15, aber noch nicht 18 Jahre alt ist.

§5 Verbot der Beschäftigung von Kindern

(1) Die Beschäftigung von Kindern (§ 2 Abs. 1) ist verboten.

[…]

(3) Das Verbot […] gilt […] nicht für die Beschäftigung von Kindern über 13 Jahre mit Einwilligung des Personensorgeberechtigten, soweit die Beschäftigung leicht und für Kinder geeignet ist. Die Beschäftigung ist leicht, wenn sie aufgrund ihrer Beschaffenheit und der besonderen Bedingungen, unter denen sie ausgeführt wird,

1. die Sicherheit, Gesundheit und Entwicklung der Kinder,

2. ihren Schulbesuch, ihre Beteiligung an Maßnahmen zur Berufswahlvorbereitung oder Berufsausbildung, die von der zuständigen Stelle anerkannt sind, und

3. ihre Fähigkeit, dem Unterricht mit Nutzen zu folgen, nicht nachteilig beeinflusst. Die Kinder dürfen nicht mehr als zwei Stunden täglich, […], nicht zwischen 18 und 8 Uhr, nicht vor dem Schulunterricht und nicht während des Schulunterrichts beschäftigt werden. […]

Abbildung 2

Arbeitsaufträge

Inhalt/Sprache

1. Fasse den Inhalt des Artikels „Deutschlands fleißige Kids" in wenigen Sätzen zusammen.

   2/2

2. Folgende Begriffe kommen im Text als Fremdwörter vor.
   Finde sie und ordne sie entsprechend zu.

   2/0

   a) vormerken, belegen
   b) höchstens
   c) nicht beachten
   d) Werbeschrift, Beilage

3. Der Artikel zeigt Tätigkeiten, mit denen Kinder in Deutschland Geld verdienen.
   Nenne vier dieser Tätigkeiten stichpunktartig.

   2/1

4. Kinderarbeit ist nicht gleich Kinderarbeit.
   Stelle jeweils zwei Merkmale der Kinderarbeit in Deutschland und der Kinderarbeit in den Entwicklungsländern grafisch (z. B. Tabelle oder Cluster oder Mindmap oder ...) dar.

   2/1

5. 14-Jährige „haben nur sehr eingeschränkte Möglichkeiten ihr Taschengeld aufzubessern." (Z. 39–41)
   Erläutere diese Aussage ausführlich an drei Einschränkungen aus dem Jugendarbeitsschutzgesetz (Abb. 2) mit geeigneten Beispielen aus der Arbeitswelt.

   3/3

6. Sollte Erwerbstätigkeit für Schüler grundsätzlich verboten werden?
   Nimm dazu ausführlich Stellung.

   4/4

7. Lisa trainiert eine Kinderfußballmannschaft, Francesco engagiert sich bei der Freiwilligen Feuerwehr. Beide bekommen für ihre Arbeit kein Geld.
   Welche Gründe bewegen Jugendliche, trotzdem ein Ehrenamt zu übernehmen?
   Zeige mögliche Beweggründe auf und verdeutliche sie mit Beispielen.

   3/3
   32

Teil A: Rechtschreiben

Rechtschreibung I

Modifiziertes Diktat

Schreibe den Text nach Diktat auf. Überarbeite ihn anschließend mithilfe gelernter Strategien und mit dem Wörterbuch.

_____ von 8 P

Rechtschreibung II

1. Welche Rechtschreibstrategie hilft dir, dich für die richtige Schreibung zu entscheiden? Kreuze an.

Beispielwörter	Rechtschreibstrategie
Arbeitssicherheit	☐ Ich suche ein verwandtes Wort. ☐ Ich trenne das Wort. ☐ Ich achte auf die Endung. ☐ Ich bilde das Präteritum.
Fußball	☐ Ich achte auf den vorangehenden Vokal. ☐ Ich bilde die Steigerungsform. ☐ Ich überprüfe die Wortart. ☐ Ich führe die Artikelprobe durch.

_____ von 1 P

2. Setze im folgenden Text die sechs fehlenden Satzzeichen ein.

   Der Fußballer Diego wurde nach dem Denken Fühlen und Handeln der Jugend des größten lateinamerikanischen Landes gefragt Er sagte dazu Brasiliens junge Menschen sind konservativer als häufig angenommen. Die Shell-Jugendstudie 2013 bestätigt seine Aussage

   _____ von 3 P

3. Schreibe den Text in der richtigen Groß- und Kleinschreibung korrekt ab.

   die mischung aus extremer armut, hunger, gewalt und menschlicher verzweiflung zwingt kinder immer wieder zum verlassen ihres elternhauses.

   _____

   _____

   _____

   _____

   _____ von 2 P

4. Im folgenden Text sind vier Wörter falsch geschrieben.
   Suche sie heraus und schreibe sie fehlerfrei auf.

   Viele Menschen in Brasilien sind sehr arm und leben unter dem Existenzminimum. Daher ist es für diesen Teil der Bevölkerung selbstverstendlich und notwendig, das auch die Kinder spätestens mit zehn Jahren arbeiten oder beteln, um ihre Familie finanziell zu unterstüzen.

   a) _____   b) _____

   c) _____   d) _____

   ____ von 3 P

Erreichte Gesamtpunktzahl: _____ von 16 Punkten

Teil B: Schriftlicher Sprachgebrauch

Text 1

Verbannung

Mann, war ich sauer! Natürlich habe ich gewusst, dass wir draußen in diesem Kaff da ein Haus bauen, die Eltern haben ja seit Monaten von nichts anderem geredet. Sie wollten raus aus Magdeburg, weg von dem Trubel der Stadt, dem Verkehr, dem Krach in den Straßen. Klar, sie gehen auf die fünfzig zu, sie wollen Ruhe haben. Aber ich? Ich durfte gar nicht darüber nachdenken. Kein Klub mehr, kein Kino, keine Disco, der Treff abends am Körnerpark ohne mich, dann jeden Tag mit dem Bus zur Schule. […]

Da draußen würde alles ganz anders sein. Klar, mein neues Zimmer ist schöner als mein altes in der Stadt. Ich könnte meine Anlage aufdrehen, dass der Putz abfällt, und kein Nachbar würde gegen die Wand klopfen. Klar, es ist ein schönes Haus da draußen, ich kenne es, war ja mehr als ein Dutzend Mal mit draußen. Aber ich würde von jetzt an auf einer Insel leben müssen, mitten im Nichts. […]

Kein Wort habe ich geredet auf der Fahrt. Sollten ruhig merken, in welcher Stimmung ich war. Zu reden gab es ohnehin nichts, die Sache war klar. Hier in der Stadt klettern die Mieten ins Unendliche und da draußen würden wir unsere eigenen Herren sein. Sehe ich ja alles ein. Überhaupt, was sind schon fünfzehn Kilometer, das ist doch bloß ein Katzensprung. Aber ich stehe erst mal völlig im Abseits, mir fällt die Decke auf den Kopf. Ich habe nicht mal aus dem Fenster gesehen. Klar, das Land ist hübsch, weiß ich alles. Im Sommer fuhr ich gerne mal raus in die Natur, mit dem Fahrrad zum Zelten. Aber da wohnen? Auf den Gedanken kommen doch bloß alte Leute, die ihre Ruhe wollen und mit dem Gärtchen und dem Fernsehapparat zufrieden sind. […]

Ich verkroch mich dann in meine neue Bude, um die Kisten leer zu räumen. Wenn man arbeitet, muss man wenigstens nicht dauernd nachdenken. Hier ist wirklich alles anders, das Fenster rechts statt links und die Tür genau gegenüber. Ich würde nachts gegen die Wand rennen, wenn ich mal raus muss. Und sonst? Einsamkeit! Kein Kutte würde nachmittags unten vor dem Haus pfeifen. Kutte, mein bester Kumpel, wie oft hatte ich versucht, seinen Pfiff nachzumachen. Vergeblich.

Je länger ich nachdachte, desto mehr Dinge fielen mir ein, die ich jetzt alle vermissen würde, ganz so, als hätte man mich in die Verbannung getrieben. Ja, Verbannung, das war das richtige Wort! Der erste Nachmittag in unserem Haus war öde. Die Zeit kroch dahin wie eine Schnecke. Ich saß an meinem Schreibtisch […] – auf einmal war ich eingeschlafen. Träumte, ich weiß nicht mehr was. Aber ganz zuletzt war da Kutte und hat gepfiffen, laut und grell wie immer. Davon wachte ich auf.

Das pfeift ja immer noch! Spinne ich? […] Kutte stand draußen vor dem Zaun, als wären wir noch in der Stadt in unserem Wohnsilo. Ich riss das Fenster auf: „Kutte! Mann, komm rein!" Er kam, grinste, wiegte den Kopf hin und her, der Ohrring baumelte. „Mann, du Glückspilz", sagte er und sah sich um. „So 'ne astreine Bude hab ich mir schon immer gewünscht und hier draußen, Mann, das ist vielleicht 'n Hammer. Glückwunsch, Alter!"

„Spinnst du?", fragte ich. „Hier in diesem Kaff soll ich versauern und du sagst Glückwunsch? Willst du mich verspotten? Wie kommst du überhaupt hierher?"

„Na, mit dem Bus", sagte er. […] „Super ist das hier. Wollte mal sehen, was ihr euch da hingestellt habt und wie du jetzt lebst. Ich hab mich auch unten im Dorf schon ein bisschen umgesehen. Einwandfrei." […]
Der würde sich hier wohlfühlen? Der spinnt doch. „Setz dich, Kutte", sagte ich. „Nun mal ganz ehrlich. Hier draußen gibt's nichts, keinen Klub, keine Disco, …"
„Doch", sagte Kutte. „Wie?" „Es gibt eine Disco. Heute Abend unten im Saal, das steht groß angeschlagen bei der Bushaltestelle. Wir essen bei dir 'nen Happen und geh'n da hin."
„Und wie willst du hinterher zurück in die Stadt?" „Na, um elf mit dem Bus."
Ich schüttelte den Kopf: „Echt, Kutte? Du willst tatsächlich hier in die Disco, zu den Landeiern?" […] „Na und? Ist doch mal was anderes", sagte Kutte.
Ja, was soll ich sagen, damit war von seiner Seite aus alles geregelt. Mutter hat ein bisschen gemutert, weil ich noch beim Auspacken helfen sollte; aber weil Kutte nun einmal da war, hat sie uns etwas zum Essen gemacht und dann sind wir losgezogen. Im Saal war tatsächlich was los. Die hatten eine Bombenanlage, den Discjockey hatte ich schon einmal in Magdeburg erlebt, super! Ich hab kein Wort mehr gesagt.
Kutte hatte noch einen Bekannten getroffen und dann waren wir plötzlich mitten drin in der Meute. Sie klopften mir auf die Schulter und nahmen mich sozusagen in ihren Verein auf. Sie seien froh, dass mal wieder ein paar nette Leute dazustießen, sagten sie. Sie treffen sich jeden Abend beim Eiscafé am Platz und Kutte soll auch kommen, wenn er Lust hat. Mir hat vor allem die Heidi gefallen, wenn die auch kommt, bin ich dabei.
Kurz vor elf brachten wir Kutte zum Bus und ich ging den Berg hoch zu unserem feinen Neubau und hab dann sogar noch anderthalb Stunden beim Auspacken geholfen, bevor ich hundemüde ins Bett kroch. Draußen schrie irgendwo ein Käuzchen, der Wind raschelte mit dem Laub und eigentlich – na ja, eigentlich ist so eine Verbannung gar nicht so übel.

Quelle: Selber, Martin: „Verbannung" aus Renate Boldt, Marion Schweizer (Hrsg.): Auf und davon, Rowolt Taschenbuch Verlag 1992.

Starte durch in eine neue Zeit!
Heut' beginnt der Rest deiner Ewigkeit.
Starte durch in die Zeit deines Lebens.
Schau nicht mehr zurück – es wär' sowieso vergebens.

Text: Daniel Dickopf, © Edition Wise Guys, Köln

Material 1

Arbeitsaufträge   Inhalt/Sprache

1. Fasse den Inhalt des Textes in wenigen Sätzen zusammen.   2/2

2. Der Umzug des Ich-Erzählers bringt Veränderungen mit sich.
   a) Notiere stichpunktartig zwei Gewohnheiten, die er vermissen wird.   1/1
   b) Zitiere zwei passende Textstellen, welche die Vorteile des Umzugs für ihn deutlich machen.   1/1

3. Der Ich-Erzähler hat das Gefühl, dass er von nun an „auf einer Insel leben" müsse. (Zeile 21)
   Erkläre das Sprachbild und stelle den Bezug zu seiner Situation her.   2/2

4. Die Geschichte hat einen Wendepunkt.
   Beschreibe, durch welches Ereignis dieser Wendepunkt eintritt und was sich dadurch für die Hauptperson ändert.   2/2

5. Am Abend in der Disco wird das Lied „Starte durch" von den Wise Guys gespielt. Der Refrain (Material 1) geht dem Ich-Erzähler nicht mehr aus dem Kopf.
   Zeige an Beispielen auf, wie diese Textzeilen zu seiner Situation passen.   2/2

6. Der Junge und Heidi aus der Disco (Zeile 117) treffen sich einige Tage später zufällig im Schulbus.   3/3

   Wähle aus:

   Schreibe Kutte einen Brief und erzähle ihm anschaulich von der aufregenden Begegnung mit Heidi im Schulbus.

   oder

   Versetze dich in Heidi: Erzähle deiner besten Freundin in einem Brief ausführlich von der aufwühlenden Begegnung mit dem Ich-Erzähler im Schulbus.

7. Die Eltern haben den Umzug, der das Leben der Familie verändert, sorgfältig überlegt. Auch du stehst vor wichtigen Entscheidungen oder hattest solche schon zu treffen.
   Beschreibe eine für dein Leben wichtige Entscheidung. Stelle ausführlich dar, welche Argumente dabei abzuwägen sind oder waren.   3/3

   32

Text 2

Auf dem Sprung – Training im Großstadtdschungel

Jason umfasst die Straßenlaterne fest mit den Händen. Er macht einen Satz, wirbelt einmal um die Stange. Und kommt wieder auf der hüfthohen Mauer zu stehen. Neben ihm Enis: Er fixiert die nächste, etwa zwei Meter entfernt, geht in die Hocke und stößt sich ab. Dann landet er mit einem gewaltigen und ganz präzisen Sprung auf der Mauer. Ein kühler Sonntagnachmittag am Finanzamt. Die Sonnenstrahlen, die auf die roten Blätter und die bernsteinfarbenen Steinwände und Böden fallen, spenden kaum Wärme. Den Jugendlichen scheint das nichts auszumachen. Trotz des kalten Windes tragen sie T-Shirts, ein Hauch von Schweiß liegt in der Luft.

Jason (16), Enis (18) und Daniel (19) üben den Sport „Le Parkour" aus. Dabei geht es darum, sich auf effiziente und elegante Art und Weise durch das Stadtgebiet zu bewegen. Die drei betrachten die Stadt als kreativen Spielplatz: Sie überwinden Mauern und Geländer, balancieren auf Zäunen oder springen über Abgründe. Als Basis dienen ihnen Grundbewegungen wie Rolle, Drehung, Katzensprung oder Präzisionssprung. Die Geschmeidigkeit, mit der sie ihre Bewegungen ausüben, ist der „Flow", also die Kunst, über Hindernisse zu „fließen".

Der Franzose David Belle begründete „Le Parkour" in den 1980er-Jahren in einem Pariser Vorort. Grundlage war die Ausbildung seines Vaters, der als Soldat das Überleben im Urwald üben musste. David Belle übersetzte das Dschungeltraining auf den städtischen Raum – Hauswände, Treppen und Mauervorsprünge statt Bäume und Lianen.

Enis, Jason und Daniel träumten schon als Kinder davon, sich wie Spiderman durch die Stadt zu bewegen. Sie sind der harte Kern der ersten Gruppe von „Le Parkour" im Rhein-Main-Gebiet. Inzwischen kommen die Mitglieder aus ganz Deutschland. Derzeit gibt es deutschlandweit 2 000 aktive Parkour-Sportler, Tendenz steigend. Am Wochenende treffen sich Enis, Daniel und Jason meistens in Frankfurt. Das Finanzamt mit seinen vielen Stufen und Mauern ist ein idealer Ort mit vielen Hindernissen. Ärger mit Ordnungshütern gab es hier noch nie. Das komme überhaupt selten vor, sagt Enis. „Wenn jemand etwas sagt, gehen wir einfach weg."

Für das Training ihrer Tricks wählen die drei vorsichtshalber den Sand des angrenzenden Spielplatzes. Diese Tricks sind in Werbespots, Videoclips oder Filmen gefragt. Enis, Jason und Daniel drehten bereits Videos mit Filmstudenten, die auf ihrer Homepage zu sehen sind. Außerdem arbeiten sie für ein Stunt-Team. Doch was im Video halsbrecherisch wirkt, war abgesichert. „Es geht darum, den Körper zu stärken, nicht zu zerstören", sagt Jason.

Zurück auf den Spielplatz: Daniel nimmt Anlauf, springt gegen eine mannshohe Betonsandsteinwand, stößt sich mit den Füßen ab, macht einen Seitwärts-Salto, kommt auf den Füßen zu stehen – in Sekundenbruchteilen. Ein Fußgänger blickt neugierig herüber. Es geht den Jugendlichen aber nicht um den Adrenalin-Kick. Es geht vielmehr darum, stark zu sein und anderen Menschen helfen zu können. Helfen konnte Enis dank Parkour schon einmal: Jemand hatte sich ausgeschlossen, er half, indem er über den Balkon ins Haus gelangte.

Hinter so viel Körperbeherrschung stecken hartes Krafttraining, Disziplin und mentale Stärke. „Parkour ist zu 50 Prozent Kopfsache", sagt Enis. Auf der Homepage gibt Jason Tipps, um innere Blockaden zu lösen, zum Beispiel vor großen Sprüngen. „Man macht einen Sprung hundert Mal auf einer Wiese, dann erst auf Beton", sagt er. „Ich stelle mich meinen Ängsten." Für ihn ist auch die Schule eine Art Hindernis: „Fürs

Lernen braucht man genauso Disziplin wie fürs Training."
90 Das tägliche Training absolvieren die drei Freunde zu Hause: Enis in Darmstadt, Jason in Goldstein, Daniel in Kriftel; ohne Geräte, nur mit dem eigenen Körper Durch das intensive Training merkten sie, dass Fastfood
95 schlapp macht. Und dass es mehr Spaß macht, zusammen zu trainieren, als vor dem PC zu sitzen. So wie Daniel, bevor er „Le Parkour" für sich entdeckte. Alle paar Monate bieten Enis, Daniel und Jason kosten-
100 lose Workshops für Anfänger an. Durch ihre Homepage haben sie inzwischen Bekannte in ganz Deutschland, sind zahlreiche Freundschaften entstanden. Ein Leben ohne „Le Parkour" können sich die drei nicht vorstel-
105 len. So gut wie die Profis, die von dem Sport leben, sind sie zwar noch nicht. Sie haben an dem gemeinsamen Sport aber großen Spaß.

Nach: Jutta Maier: Frankfurter Rundschau 13. 11. 2007, S. 9, Ausgabe: Stadt.

**Die Angst –
größter Gegner und bester Freund**

Jedem bleibt selbst überlassen, wie er verschiedene Hindernisse wie Wände, Geländer oder Abgründe sicher und effektiv überwindet. Es ist aber sinnvoll, sich an ein paar **Parkour-Regeln** zu orientieren:

- Beherrsche die Grundelemente.
- Kenne deine persönlichen Grenzen.
- Steigere dich nur in kleinen Schritten.
- Wage nichts, wofür du nicht bereit bist.
- Lass dich von keinem anderen dazu verleiten.
- Übe jedes Hindernis zuerst auf sicherem Boden.
- Halte dich an Warnschilder und Verbote.
- Respektiere Privatbesitz.

Aus: MagazinManager. Ausgabe 2007.3, S. 5.

Material 1

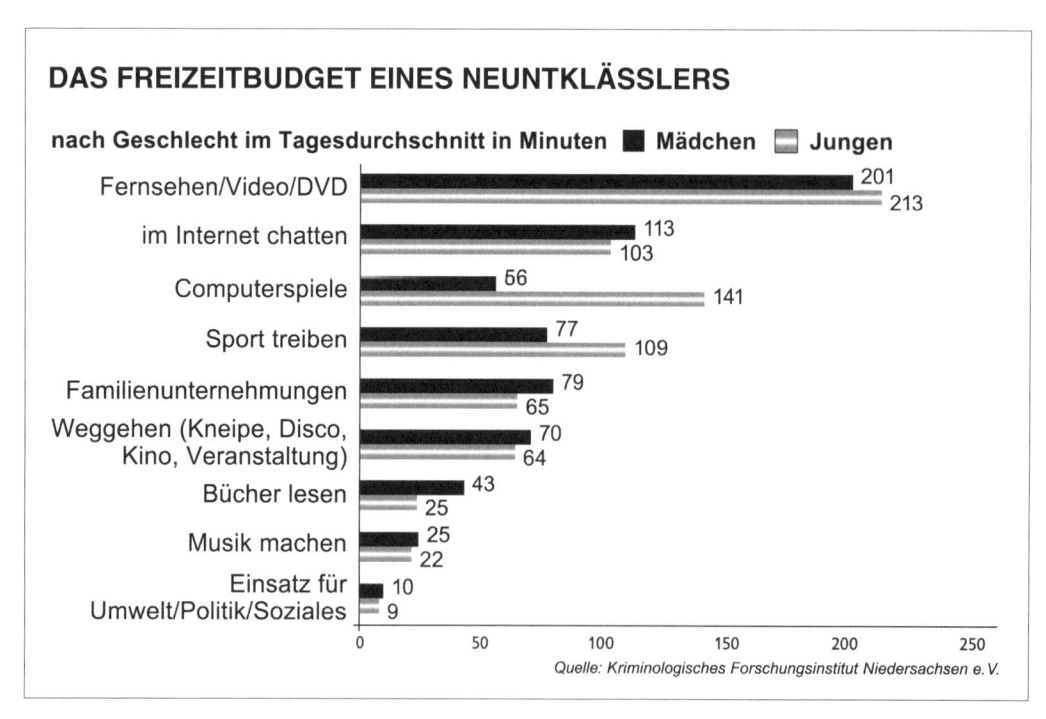

DAS FREIZEITBUDGET EINES NEUNTKLÄSSLERS

nach Geschlecht im Tagesdurchschnitt in Minuten ■ Mädchen ▫ Jungen

Aktivität	Mädchen	Jungen
Fernsehen/Video/DVD	201	213
im Internet chatten	113	103
Computerspiele	56	141
Sport treiben	77	109
Familienunternehmungen	79	65
Weggehen (Kneipe, Disco, Kino, Veranstaltung)	70	64
Bücher lesen	43	25
Musik machen	25	22
Einsatz für Umwelt/Politik/Soziales	10	9

Quelle: Kriminologisches Forschungsinstitut Niedersachsen e.V.

Material 2

Arbeitsaufträge

Inhalt/Sprache

1. Fasse die wesentlichen Informationen des Artikels in wenigen Sätzen zusammen.

   2/2

2. Folgende Begriffe kommen im Text als Fremdwörter vor:
   Suche sie heraus und ordne sie entsprechend zu.

   2/0

   a) erledigen, ableisten
   b) wirksam, erfolgreich, wirtschaftlich
   c) Strömung, Richtung
   d) geistig, gedanklich

3. Der Sport „Le Parkour" ist noch nicht sehr verbreitet, erfreut sich aber zunehmender Beliebtheit.

   a) Wie entstand „Le Parkour"?
   Erläutere in eigenen Worten.

   1/1

   b) Welche Merkmale kennzeichnen diese Sportart?
   Nenne stichpunktartig vier davon.

   2/1

4. Jason, Daniel und Enis vermeiden bei der Ausübung ihres Sports unnötige Gefahren.
   Zitiere zwei passende Textstellen.

   2/1

5. Regeln von „Le Parkour" (Material 1) können auch in anderen Lebensbereichen sinnvoll sein.
   Zeige dies an zwei Beispielen auf.

   2/2

6. Jason, Daniel und Enis verbringen den größten Teil der Freizeit mit ihrem Sport. Ist das typisch für das Freizeitverhalten von Jugendlichen?
   Erkläre das Schaubild (Material 2), beantworte die Frage und begründe.

   3/3

7. Angst hindert und verstört, sie wirkt aber auch als Schutz. Der Umgang mit Angst ist ein zentrales Thema für jeden Menschen, nicht nur im Sport.
   Nimm ausführlich Stellung zu diesen Aussagen.

   4/4

   32

Qualifizierender Abschluss der Mittelschule Bayern 2015
Deutsch

Teil A: Rechtschreiben

Rechtschreibung I

Modifiziertes Diktat

Schreibe den Text nach Diktat auf. Überarbeite ihn anschließend mithilfe gelernter Strategien und mit dem Wörterbuch.

_____ von 8 P

Rechtschreibung II

1. Welche Rechtschreibstrategie hilft dir, dich für die richtige Schreibung zu entscheiden? Schreibe sie auf.

Beispielwörter	Rechtschreibstrategie
Beliebtheit	
Arbeitspl**ä**tze	

_____ von 2 P

2. „dass" oder „das"? Setze richtig ein.

_____ _____ Smartphone einen festen Platz in unserer Gesellschaft hat, zeigt allein schon die Tatsache, _____ über 40 Millionen Menschen in Deutschland ein solches Gerät besitzen. Es gibt kaum ein Handy, _____ nicht täglich genutzt wird.

_____ von 2 P

3. Schreibe den Text in der richtigen Groß- und Kleinschreibung sowie mit allen Satzzeichen korrekt ab.

Vielemenschentippenimmerundüberallscheinbarsinnlosaufdemhandyherum,wasvielemitmenschenalsstörungodergarunhöflichempfinden.

_____

_____

_____

_____

_____

_____

_____

_____ von 2 P

4. Im folgenden Wörterbuchauszug findest du das Wort „Charakter".
   Beantworte aus ihm die unten stehenden Aufgaben.

   > *Cha|ra|de* [ʃ...] die; *Substantiv, feminin; ältere Schreibung für* Scharade
   > *Cha|rak|ter* [k...] der; *Substantiv, maskulin;* -s, ...ere (griech.); **Cha|rak|ter|an|la|ge**;
   > **Cha|rak|ter|bild**; **Cha|rak|ter|bil|dung**; **Cha|rak|ter|dar|stel|ler**; **Cha|rak|ter|feh|ler**
   > *cha|rak|ter|fest*; **Cha|rak|ter|fes|tig|keit**, die
   > *cha|rak|te|ri|sie|ren*; **Cha|rak|te|ri|sie|rung**, die

   Quelle: Duden – Die deutsche Rechtschreibung. Mannheim 2010.

   a) Aus welcher Sprache stammt das Wort ursprünglich?
   _____

   b) Schreibe das Wort mit dem richtigen Artikel auf.
   _____

   c) Wie lautet das Wort im Plural?
   _____

   d) Nenne ein dazugehöriges Adjektiv.
   _____

   _____ von 2 P

Erreichte Gesamtpunktzahl: _____ von 16 Punkten

Teil B: Schriftlicher Sprachgebrauch

Text 1

Erasmus (Auszug aus einem Jugendroman)

Der vierzehnjährige Paul beschreibt in diesem Romanausschnitt die Ankunft eines neuen Schülers namens Erasmus in seiner Klasse. Da Erasmus vor kurzem in das Nachbarhaus von Pauls Eltern eingezogen ist, kennt er ihn bereits.

Im ersten Moment dachte ich, er hätte sich in der Tür geirrt. Er trug billige Jeans und ein verknittertes, grünes Sweatshirt. Er wirkte darin nicht ganz so klein wie in dem Laborkittel. Aber immer noch klein genug, um Zweifel daran aufkommen zu lassen, dass er in eine achte Klasse gehörte. Er hatte nichts bei sich: keine Schultasche, kein Mäppchen, keine Bücher. Ich starrte Erasmus entgeistert an.

„Ja bitte?" Der General musterte den in der Tür stehenden Zwerg mit einem Blick, als wollte er ihn in einer Konservenbüchse einmachen.

„Guten Morgen", sagte Erasmus schüchtern. „Ich soll mich hier melden. Bei Herrn Küster."

Er sah verloren aus und das lag nicht nur an der Körpergröße. Es hatte etwas mit der dicken Brille zu tun, mit den unregelmäßig geschnittenen braunen Borstenhaaren und damit, dass Winston [seine Schlange] nicht über seinen Schultern lag.

„Köster", verbesserte ihn der General sauer. „Komm rein. Nein, nein, hierher, zu mir ans Pult!"

Erasmus hatte die Tür hinter sich geschlossen und einen unsicheren Schritt in Richtung der voll besetzten Bänke gemacht. Jetzt ging er nach vorne. Siebenundzwanzig neugierige Augenpaare folgten ihm.

„Stell dich der Klasse vor, junger Mann. Name, Alter, Wohnort", schnarrte der General.

Erasmus schob nervös seine Brille zurück, drehte sich zu uns um und räusperte sich. „Ich, äh ... ich heiße Erasmus Schröder. Ich bin dreizehn und wohne in der Ulmenstraße", fistelte er. [...]

Claus tippte mich an. „Der Winzling soll dreizehn sein?", flüsterte er ungläubig.

„Ruhe!" Der General schlug mit der flachen Hand auf seinen Tisch. Die grauen Augen huschten über die Klasse und brachten das Flüstern zum Verstummen. Dann wandte er sich wieder dem neuen Schüler zu. „Erasmus also. Ein interessanter und nicht alltäglicher Name. Ich nehme an, du kannst uns allen etwas über deinen berühmten Namensvetter erzählen?"

Er wollte dem Neuen gleich zeigen, wo es langging. Erasmus würde zu seiner ersten Fünf oder Sechs gekommen sein, noch bevor er überhaupt auf dem Hintern gesessen hatte! Ich warf Claus einen fragenden Blick zu. Ich kannte keinen Erasmus, schon gar keinen berühmten. Claus zog die Augenbrauen zusammen und zuckte die Achseln.

„Welchen?"

„Wie bitte?"

„Welchen Namensvetter?", fragte Erasmus unschuldig. Er merkte nicht, was auf ihn zukam, und er tat mir leid. Der General verzog die Lippen zu einem wenig wohlwollenden Lächeln. „[...] Da es nur einen Erasmus gibt, den die Geschichte erwähnt, darf ich diese Frage wohl als Hinweis auf dein Unwissen und deine Dummheit erachten. Zwei Eigenschaften, die du mit den meisten deiner Mitschüler teilst."

Es war das erste und das letzte Mal, dass der General ihn unterschätzte. Die Nervosität, die Erasmus noch vor ein paar Sekunden gezeigt hatte, fiel von ihm ab wie eine zu eng gewordene Haut. Er hob den Kopf. „Das ist nicht richtig", sagte er.

„Was ist nicht richtig?"

„Es ist erstens nicht richtig, dass ich unwissend oder dumm bin. Und selbst wenn ich es wäre, sollte das für Sie kein Grund sein, mich deswegen zu beleidigen."

Ich dachte, ich hätte mich verhört. Claus knuffte mich fassungslos in die Rippen. Der General schnappte nach Luft, aber Erasmus fuhr fort, ohne ihn zu beachten.

„Es ist zweitens nicht richtig, dass ich nur einen berühmten Namensvetter habe. Sie denken dabei an Erasmus von Rotterdam, der während der Renaissance lebte – er starb 1536. Er war nicht nur der wohl bedeutendste Humanist und Textgrammatiker dieser Zeit, sondern auch Herausgeber des Neuen Testaments. Während der Reformation nahm er, obwohl selbst katholisch, eine vermittelnde Rolle im Kirchenstreit ein." Erasmus schob erneut seine Brille zurecht. „Aber, um Ihre Frage zu beantworten: Meinen Namen verdanke ich Erasmus, dem Nothelfer. Sie wissen, wer die vierzehn Nothelfer waren?"

„Äh, nein, das heißt ja, selbstverständlich", stotterte der General.

„Ja, selbstverständlich. Erasmus war einer von ihnen. Er lebte im späten dritten Jahrhundert und starb als Märtyrer. Er war der Schutzpatron der Drechsler und Schiffer. Die Menschen beteten aber auch zu ihm, wenn auf den Höfen das Vieh erkrankte oder wenn sie selbst Bauchschmerzen hatten. Ist das nicht komisch? Sein Namenstag ist der zweite Juni, mein Geburtstag. Darf ich mich jetzt setzen?"

Quelle: Andreas Steinhöfel: Paul Vier und die Schröders. Copyright © 1992, 2006, 2008 Carlsen Verlag GmbH, Hamburg, S. 47 bis 50, aus didaktischen Gründen gekürzt und leicht geändert.

M 1

Illustration: © Katrin Kerbusch

Arbeitsaufträge   Inhalt/Sprache

1. Im Text kommen folgende Personen namentlich vor:
   Paul, Köster ("General"), Erasmus Schröder, Claus.
   Stelle jede Person kurz vor.   2/2

2. Fasse den Text in wenigen Sätzen zusammen.   2/2

3. Der Autor verwendet in den Zeilen 77 bis 80 folgenden bildhaften Vergleich:
   „Die Nervosität [...] fiel von ihm ab wie eine zu eng gewordene Haut."
   Erkläre die Bedeutung aus dem Textzusammenhang.   1/1

4. Wie geht Herr Köster mit dem neuen Schüler um?
   Beschreibe sein Verhalten mit eigenen Worten und belege es durch mindestens zwei geeignete Textstellen.   2/2

5. „Na, wie war dein Start in der neuen Klasse?" will die Mutter von Erasmus beim Abendessen wissen.
   Versetze dich in die Lage von Erasmus und schildere seine Erlebnisse und Gefühle in der Ich-Form.   3/3

6. In der Karikatur (M 1) wird ein Lehrer stark übertrieben dargestellt.
   Beschreibe den Lehrer in der Karikatur und vergleiche sein Verhalten mit dem des Lehrers aus dem Text.   2/2

7. Erfolgreicher Unterricht und eine angenehme Lernumgebung hängen nicht nur von der Lehrkraft, sondern auch von jeder einzelnen Schülerin und jedem einzelnen Schüler ab.
   Nimm zu dieser Aussage ausführlich Stellung.   4/4
                                                                          32

Text 2

Lasst den Kopf nicht hängen!

Schaden Smartphone und Tablet Kindern und Jugendlichen, die ständig Mails checken, Videos streamen, twittern, fotografieren …?
Es gibt Leute, die mit dem Internet viel Geld verdienen, aber das ständige Starren auf Smartphone oder Tablet für verdummend oder sogar gefährlich halten. Ein solcher Typ ist offenbar der junge Brite Gary Turk. Im Internet hat er mit dem Video-Clip „Look up!" („Schau hoch!") einen Sensationshit gelandet, in dem er dringend davor warnt, sein Leben mit dem Mäusekino in den Händen zu vergeuden. Das Filmchen verbreitete sich rasend schnell ausgerechnet dort, wo sich nach Turks Ansicht Kinder und Jugendliche nicht dauernd herumtreiben sollten. Über 35 Millionen in aller Welt haben seinen Clip schon auf einer sehr bekannten Video-Plattform angeschaut. Darin klagt Gary Turk, der bislang hauptsächlich Musikvideos produzierte: „Ich habe 422 Freunde. Trotzdem bin ich einsam! Wir sind eine Generation von Idioten mit smarten Telefonen und dummen Leuten!" Spinnt der Turk? Oder ist da was dran? Lob und Kritik im Netz an dem Turk-Clip halten sich die Waage. Gary Turk ist letztlich nur Teil einer wachsenden Bewegung von selbstkritischen jungen Menschen, die der Umgang mit dem Smartphone schrecklich nervt.

Wer andere nicht mehr wahrnimmt, weil er immerzu seine Mails checkt, weil er updatet, Videos streamt oder filmt und fotografiert, gilt als unhöflich. Schon hat sich dafür das englische Kunstwort „Phubbing" etabliert, das „phone" und „snubbing" (anrüffeln) verbindet und jenes Verhalten meint, bei dem sich jemand nicht mehr mit den Menschen an seinem Tisch abgibt, sondern nur noch mit seinem Telefon.

Für die junge Netz-Generation gibt es eine neue Bezeichnung: „head-down generation", „Generation Kopf unten", benannt nach der Kopfhaltung der mit dem Smartphone Beschäftigten. Viele Eltern fragen sich besorgt: Ist das noch normal, was mein Kind da treibt? Da hat ein Zwölfjähriger drei Freunde zum Übernachten eingeladen. Abends schaut Papa nochmal ins Zimmer – alle vier sitzen auf dem Boden, starren auf ihre Smartphones und tippen. „Ja sagt mal, wollt ihr euch denn jetzt nicht mal unterhalten?" Als Antwort kommt: „Machen wir doch. Wir unterhalten uns per App."

Tatsächlich kommunizieren Jugendliche heute zu einem großen Teil durch den Austausch von Kurznachrichten. Die Internetabhängigkeit der „Digital Natives", der digitalen Muttersprachler, wirkt sehr extrem. Bevor Verabredungen bei Freunden festgemacht werden, checken sie erst mal ab: „Habt ihr auch WLAN?" Wer keines hat, wird nicht besucht. Fast-Food-Restaurants sind auch deshalb so beliebt, weil es hier freien Internetzugang gibt.

Droht einer ganzen Generation die Vereinzelung? Schließen sich Millionen junge Leute, jeder für sich, vom sozialen Miteinander aus? Manche in der Netzgemeinde fragen sich hingegen: Haben wir früher, als wir in der U-Bahn noch keinen Bildschirm bei uns hatten, wirklich alle mit unseren Sitznachbarn gesprochen? Waren die Kinder wirklich so naturverbunden, dass sie jeden Tag einen frischen Regenwurm in der Hosentasche hatten?

Auch bei der Erfindung des Buchdrucks, bei der Ausbreitung der Lesefähigkeit – immer gab es massive Bedenken. Im 17. Jahrhundert wetterte man gegen „Zeitungssucht", im 20. Jahrhundert gegen „Telefonitis". Dann folgten die „viereckigen Augen", die man angeblich vom Fernsehen bekam. „Videorekorder? Kommt mir nicht ins Haus! Als ob drei Fernsehprogramme nicht reichen!" Das war um 1980 die Überzeugung vieler Bildungsbürger.

Professor Wilhelm Kaminski ist Leiter des Instituts für Medienforschung und Medienpädagogik in Köln. Er meint: „Jedes Medium

braucht eine gewisse Zeit, ehe es von den sogenannten ‚early adopters' – das sind ja meist die Jüngeren, die auf sowas abfahren – in die Mitte der Gesellschaft hineinreicht.
95 Sobald die 60-Jährigen das auch normal benutzen, spricht kein Mensch mehr davon."
Die Erfahrung zeigt, dass die sozialen Netze junge Menschen mitunter sogar schneller zusammenführen, als dies früher der Fall
100 war. In manchen Klassen der 12- und 13- Jährigen haben Jungen und Mädchen in der Regel nicht so viel miteinander zu tun – man ist ja noch ziemlich schüchtern. Per Smartphone ist das ganz anders, da schreibt jeder
105 mit jedem. Dort kann man sich sogar „I love you" gestehen, was undenkbar wäre, wenn man sich dabei auf dem Pausenhof in die Augen blicken müsste. Man muss nur höllisch aufpassen, dass man „I love you too"
110 nicht an die ganze Gruppe zurückschreibt.

Quelle: Christoph Driessen und Evelyn Scherfenberg: Lasst den Kopf nicht hängen! In: Nürnberger Nachrichten, 17. 05. 2014, aus didaktischen Gründen gekürzt und leicht geändert.

M 2

MSO §41
Sicherstellung von Gegenständen

(2) ¹ Das Mitbringen und Mitführen von gefährlichen Gegenständen ist den Schülerinnen und Schülern untersagt. ² Die Schule hat solche Gegenstände wegzunehmen und sicherzustellen. ³ In gleicher Weise kann die Schule bei sonstigen Gegenständen verfahren, die den Unterricht oder die Ordnung der Schule stören können oder stören. ⁴ Über die Rückgabe derartiger Gegenstände entscheidet die Schulleiterin oder der Schulleiter; in den Fällen des Satzes 2 darf die Rückgabe, soweit dieser nicht anderweitige Rechtsvorschriften entgegenstehen, bei minderjährigen Schülerinnen und Schülern nur an die Erziehungsberechtigten erfolgen. ⁵ Für Mobilfunktelefone und sonstige digitale Speichermedien gilt Art. 56 Abs. 5 BayEUG.

Auszug aus: Schulordnung für die Mittelschule in Bayern (Mittelschulordnung – MSO) vom 4. März 2013

M 3

BayEUG Art. 56
Rechte und Pflichten

(5) ¹ Im Schulgebäude und auf dem Schulgelände sind Mobilfunktelefone und sonstige digitale Speichermedien, die nicht zu Unterrichtszwecken verwendet werden, auszuschalten. ² Die unterrichtende oder die außerhalb des Unterrichts Aufsicht führende Lehrkraft kann Ausnahmen gestatten. ³ Bei Zuwiderhandlung kann ein Mobilfunktelefon oder ein sonstiges digitales Speichermedium vorübergehend einbehalten werden.

Auszug aus: Bayerisches Gesetz über das Erziehungs- und Unterrichtswesen (BayEUG) vom 31. Mai 2000

Arbeitsaufträge   Inhalt/Sprache

1. Formuliere in eigenen Worten vier Kernaussagen des Textes.   2/2

2. Im Text kommen die nachfolgenden Begriffe als Fremdwörter vor.
   Suche sie heraus und ordne sie entsprechend zu.   2/0
   a) herstellen
   b) sich verständigen
   c) Speichergerät für Fernsehaufzeichnungen
   d) wohltätig, gesellschaftlich, die Gemeinschaft betreffend

3. Erkläre die Überschrift mit eigenen Worten aus dem Textzusammenhang.   1/1

4. Im Text findest du frühere technische Neuerungen, die damals schon zu großen
   Bedenken geführt haben.
   Nenne vier davon stichpunktartig.   2/0

5. „Ich habe 422 Freunde. Trotzdem bin ich einsam!" (Z. 21/22).
   a) Welches Problem spricht Gary Turk in diesem Zitat an? Erläutere.   1/1
   b) Wie denkst du über dieses Zitat? Begründe deine Meinung ausführlich.   2/2

6. In den Auszügen aus der *Schulordnung für die Mittelschule in Bayern* (M 2) und
   dem *Bayerischen Gesetz über das Erziehungs- und Unterrichtswesen* (M 3) findest
   du Hinweise zur Verwendung von Mobilfunktelefonen in der Schule.
   a) Was erfährst du in den beiden Gesetzestexten darüber?
      Formuliere vier zentrale Aussagen.   2/2
   b) Findest du diese gesetzliche Regelung sinnvoll?
      Begründe deine Meinung anhand von selbstgewählten Beispielen.   2/2

7. Eine Woche ohne Smartphone – geht das auch außerhalb der Schule?
   Zeige Vor- und Nachteile auf und nimm dazu Stellung.   4/4
                                                                                      32

Qualifizierender Abschluss der Mittelschule Bayern 2016
Deutsch

Teil A: Rechtschreiben/Sprachbetrachtung

1. Im folgenden Wörterbuchauszug findest du das Wort „Qualifikation".
   Beantworte damit die unten stehenden Aufgaben.

   > **Qua|li|fi|ka|ti|on**, die; -; -en (lat.)
   > Befähigungsnachweis; Teilnahmeberechtigung für sportliche Wettbewerbe
   > **Qua|li|fi|ka|ti|ons|ren|nen; Qua|li|fi|ka|ti|ons|run|de; Qua|li|fi|ka|ti|ons|spiel**
   > **qua|li|fi|zie|ren** (als etw. bezeichnen, klassifizieren, befähigen), sich qualifizieren (sich eignen; sich als geeignet erweisen; eine Qualifikation erwerben)
   > **qua|li|fi|ziert**, qualifizierte Mehrheit, qualifiziertes Vergehen (*Rechtsspr.* Vergehen unter erschwerenden Umständen)

   Quelle: Duden – Die deutsche Rechtschreibung. Berlin 2006, 24. Auflage.

   a) Aus welcher Sprache stammt das Wort ursprünglich?

   b) Wie lautet das Wort im Plural?

   c) Nenne das entsprechende Verb in der Grundform.

   d) Bilde mit dem Nomen einen sinnvollen Satz.

   ____ von 2 P

2. Bestimme die Wortarten der unterstrichenen Wörter im folgenden Satz.

   Qualifizierte Auszubildende sind bei **den** Betrieben sehr gefragt. Daher bleibt der Bedarf an besserer Schulbildung groß, **weil** es immer noch zu viele Schulabgänger ohne Abschluss und **junge** Erwachsene ohne abgeschlossene Berufsausbildung **gibt**.

Wort	Wortart

   ____ von 2 P

3. Setze die in Klammern angegebenen Wörter so ein, dass der jeweilige Satz grammatikalisch korrekt ist.

   Herr Worm arbeitet bei _____ (eine Softwarefirma) im Bereich Qualitätssicherung.

   Er kontrolliert und überprüft die Arbeit _____ (andere Entwickler).

   Pro Tag sitzt er etwa 40 Prozent _____ (seine Arbeitszeit) am Computer.

   Auch soziale Kompetenz und Kommunikationstalent sind wichtige Fähigkeiten für _____ (dieser Beruf).

   _____ von 2 P

4. In jedem der folgenden Sätze fehlt eine Konjunktion.
   Kreuze die jeweils richtige an.

   a) Bereits in der Grundschule brauchen manche Kinder Nachhilfe, … sie den Übertritt schaffen.
   - [ ] nachdem
   - [ ] trotzdem
   - [ ] damit
   - [ ] und

   b) … Nachhilfeinstitute sehr teuer sind, werden sie immer stärker besucht.
   - [ ] Obwohl
   - [ ] Weil
   - [ ] Trotz
   - [ ] Dass

   c) Franz nimmt Nachhilfe, … er Probleme in Mathematik hat.
   - [ ] dass
   - [ ] obwohl
   - [ ] weil
   - [ ] deshalb

   d) … die Anforderungen der Wirtschaft immer höher werden, sind gute Noten wichtig.
   - [ ] Und
   - [ ] Da
   - [ ] Daher
   - [ ] Aber

   _____ von 2 P

Die Aufgaben 5–8 werden von Prüflingen mit anerkannter Legasthenie nicht bearbeitet.

5. Im folgenden Text sind zwei Wörter falsch geschrieben.
   a) Schreibe sie verbessert in die Tabelle.
   b) Welche Rechtschreibstrategie hilft dir, dich für die richtige Schreibung zu entscheiden? Ergänze die Tabelle.

   Viele Kinder und Jugendliche büffeln nachmittags für bessere Noten. Vor allem in den Fächern Deutsch, Mathematik und Englisch suchen die Schüler unterstützung. Etwa ein knappes Drittel der Eltern bucht Nachhilfe bei professionellen Anbietern und helt somit eine riesige Branche am Laufen.

a) verbessertes Wort	b) Rechtschreibstrategie

   ____ von 2 P

6. Setze im folgenden Text die vier fehlenden Satzzeichen ein.

   Nachhilfe boomt denn immer mehr Kinder bekommen nach der Schule noch Zusatzunterricht. Diese Lerneinheiten können dabei helfen, im Unterricht wieder mitzukommen Die Journalistin Louisa Knobloch sagt zu diesem Trend: Grundsätzlich ist Nachhilfe nichts Schlechtes.

   ____ von 2 P

7. Schreibe den Text in der richtigen Groß- und Kleinschreibung auf.

   auchinzeitendesnachwuchsmangelsbleibendieanforderungenderunternehmenandiebewerberhoch.einguterschulabschlussistdahernochimmerwichtig.

   _____
   _____
   _____
   _____

   ____ von 2 P

8. Welche Zeitangabe ist falsch geschrieben? Streiche die falsche durch.

Jeden **Mittwoch/mittwoch** fährt die Großmutter ihre beiden Enkel **nachmittags/Nachmittags** zum Nachhilfeunterricht. Auf dem Programm steht **Heute/heute** für eineinhalb Stunden Mathematik. Nach **wochenlanger/Wochen langer** Anstrengung zeigen sich endlich erste Erfolge: Die Noten in den Klassenarbeiten der Enkel werden tatsächlich besser.

_____ von 2 P

Erreichte Gesamtpunktzahl: _____ von 16 Punkten

Teil B: Schriftlicher Sprachgebrauch

Text 1

Die blauen und die grauen Tage (Romanauszug)

Evi war glücklich: Ihre geliebte Oma zog ins Haus der Familie ein. Evis ältere Schwester Vera war davon weniger begeistert. Sie hatte Angst vor Veränderungen, die das Leben mit einer alten, noch dazu etwas verwirrten Frau mit sich bringen würde. Evi genoss die Gemütlichkeit, die mit Oma ins Haus eingezogen war. Aber eines Tages trat „es" zum ersten Mal auf: Oma verschwand und konnte sich hinterher an nichts mehr erinnern. Musste Oma jetzt ins Altersheim? Evi würde alles tun, um das zu verhindern.

Sie waren mitten im Spiel, als Mariele Evi anstieß: „Du, ist das nicht deine Oma?" Evi schaute in die Richtung, in die Marieles Finger zeigte. Oma saß auf der niedrigen Mauer, die das gegenüberliegende Grundstück umgab. Etwas an ihrer Haltung hinderte Evi daran, sie über die Straße hinweg anzurufen. „Spielt mal einen Moment ohne mich weiter", sagte sie und lief hinüber.

Oma sah ihr ohne ein Zeichen des Erkennens entgegen. Sie ließ die Schultern hängen und hielt den Kopf merkwürdig schief. „Ich suche jemanden", sagte sie.

Evi setzte sich neben sie und fasste nach ihrer Hand. Oma zog die Hand weg. „Ich suche jemanden", wiederholte sie. Sie trug nur einen Schuh. Der Strumpf des anderen Fußes hatte ein Loch, durch das der große Zeh herausschaute. Panik kroch in Evi hoch. Sie suchte den Boden vor und hinter dem Mäuerchen ab, als gäbe es nichts Wichtigeres auf der Welt, als den fehlenden Schuh zu finden. Er war nicht da.

„Komm, Oma", sagte sie und die Panik war auch in ihrer Stimme, „ich bring dich nach Hause." Sie stand auf und wollte Oma sanft hochziehen, aber Oma widersetzte sich mit aller Kraft. „Ich gehe nur mit Evi." „Aber ich …", Evis Stimme versagte.

Auf einmal stand Tom neben ihr. „Sie erkennt mich nicht", flüsterte Evi. „Sie will nicht aufstehn." „Wo ist denn ihr Schuh?", fragte Tom. „Woher soll ich das wissen?", zischte Evi ihn an. „Ich gehe nur mit Evi nach Hause", sagte Oma störrisch zu Tom, „mit dir nicht und auch nicht mit der da."

Evi wischte sich über die Augen. Drüben hatten die andern wieder zu spielen begonnen. Evi sah wie durch Nebel.

„Evi wartet auf Sie", sagte Tom schließlich. „Dürfen wir Sie hinbringen?"

Oma beäugte ihn misstrauisch. „Ist das auch kein Trick?" „Bestimmt nicht."

Oma stand auf. Evi nahm ihren rechten Arm, Tom ihren linken und Oma ließ es sich gefallen. Der Hut war ihr in den Nacken gerutscht, über ihre Wangen zogen sich Schmutzstreifen.

Ein Ehepaar kam ihnen entgegen. Die Frau starrte auf Omas Füße, der Mann auf ihr schmutziges Gesicht, er schüttelte den Kopf. Evi hatte einen bitteren Geschmack im Mund. Sie hätte gern etwas geschrien, das die Leute beleidigt hätte, so wie sie Oma beleidigt hatten, aber ihr fiel nichts ein.

Sie brachten Oma in ihr Zimmer. […] Oma saß auf dem Bett und sah unruhig zur Tür. „Evi soll kommen." „Sie kommt gleich." Tom zog Oma den Schuh aus und hob behutsam ihre Beine auf die Matratze. Omas Strümpfe waren zerrissen und die Haut darunter war zerschrammt. Oma rollte sich auf die Seite und schloss die Augen. Evi deckte sie zu. Im Flur lehnte sie sich gegen die Wand, ihr war speiübel. […]

„Bleib bei ihr", sagte die Mutter leise. „Ich rufe den Arzt." […] Als der Arzt kam, verließen die Mutter und Evi das Zimmer. […] Durch die Tür hörte Evi seine Stimme, die fest und beruhigend klang. Omas Stimme hörte sie nicht. Sie ging zur Mutter in die Küche. Die Mutter hatte Teewasser aufgesetzt, sie stand vorm Herd, die Finger gegen die Stirn gepresst.

„Papa hat recht", sagte Evi. „Du arbeitest zu viel."

„Ich liebe meine Arbeit", erwiderte die Mutter. „Das weißt du doch."

„Und Oma liebst du nicht?" Die Worte waren kaum heraus, da hätte Evi sie am liebsten wieder in den Mund zurückgestopft. Sie presste die Lippen zusammen, damit nicht noch mehr Unsinn herauskommen konnte.

„Ich dachte, wir hätten das Thema abgeschlossen." Die Mutter griff in die Gebäckdose und knabberte ein Anisplätzchen. Wahrscheinlich war sie wieder den ganzen Tag nicht zum Essen gekommen. […]

„Tut mir leid."

„Schon gut."

Sie hörten Schritte auf der Treppe. Der Arzt kam in die Küche und die Mutter bat Evi, sich um Oma zu kümmern. Das alte Spiel. Während Evi zornig und gekränkt nach oben ging, fragte sie sich, warum die Mutter sie diesmal weggeschickt hatte. Ein Komplott, dachte sie, da unten wird über Omas Schicksal verhandelt und mich wollen sie nicht dabeihaben, damit ich ihnen nicht dreinrede und brav stillhalte. […]

„Leider hab ich ja nicht alles mitgekriegt", sagte Vera, „aber es läuft darauf hinaus, dass der Doktor sich sofort um einen Platz in dem Heim kümmern will, das Oma sich ausgesucht hat, es sei denn, ihr Zustand ändert sich wieder."

„Sofort? Was heißt das, sofort?"

Vera hob die Schultern. „In den nächsten Tagen, so bald wie möglich eben."

Erschrocken zerbiss Evi den Kandis. […]

„Es muss doch eine andere Lösung geben!"

Vera räumte das Geschirr zusammen. „Wir können Oma schlecht festbinden, oder?"

„Red nicht so!" Evi rutschte nach vorn auf die Stuhlkante. „Ist sie dir denn ganz egal?"

Vera drehte sich langsam zu ihr herum. „Nein, Prinzessin, ist sie nicht, aber Mama ist mir auch nicht egal. Sie kann das nicht schaffen."

„Aber wir alle zusammen." „Wir auch nicht. Mach dir doch nichts vor."

„Eine Krankenschwester kann es schaffen", sagte Evi, „oder ein Pfleger."

Vera ließ Wasser für den Abwasch einlaufen. Eine Tasse glitt ihr aus der Hand und zersprang.

Vera sammelte die Scherben auf und warf sie in den Abfalleimer. Sie fluchte nicht, das war ungewöhnlich. „Oma käme sich doch vor wie eine Gefangene."

„Im Heim etwa nicht?" „Mensch, Evi! Ich weiß es nicht!" Geräuschvoll erledigte Vera den Abwasch.

Evi stand auf. „In das Heim kommt sie nicht. Nie im Leben, dafür sorge ich."

Vera nahm das nicht ernst. Sie hob nicht einmal den Kopf.

Quelle: gekürzter und veränderter Textauszug aus: Monika Feth: Die blauen und die grauen Tage. Bertelsmann 1996, Klappentext u. S. 125–132.

M 1

Illustration: © Peter Gaymann, Köln.

Arbeitsaufträge   Inhalt/Sprache

1. Im Text erfährst du einiges über die Familie von Evi.
   Beantworte dazu folgende Fragen.
   a) Warum freut sich Evi auf den Einzug ihrer Oma?   0,5/0,5
   b) Was erfährst du über den Gesundheitszustand der Großmutter?   0,5/0,5
   c) Die alte Frau stellt ihre Familie vor eine große Herausforderung.
      Beschreibe kurz das Problem.   1/1

2. Die Autorin Monika Feth hat ihrem Buch den Titel „Die blauen und die grauen Tage" gegeben.
   a) Was will die Autorin mit dem Titel ausdrücken?   1/1
   b) Finde für den vorliegenden Auszug eine eigene, zum Inhalt passende Überschrift.   0,5/0,5

3. Die Autorin verwendet in Zeile 51 folgenden bildhaften Vergleich:
   „Evi sah wie durch Nebel."
   Erkläre die Bedeutung mit eigenen Worten.   1/1

4. Die Betreuung der Großmutter kann unterschiedlich aussehen.
   Lies im Text die Zeilen 123 bis 149.
   a) Stelle die Ansichten von Evi und Vera stichpunktartig gegenüber.   2/1
   b) Was denkst du über die Betreuung älterer Menschen?
      Begründe deine Meinung ausführlich.   2/2

5. Evi geht am Abend aufgewühlt in ihr Zimmer. Dort schreibt sie einen neuen Eintrag in ihr Tagebuch, in dem sie ihre Gedanken und Gefühle zu den Ereignissen des Tages zum Ausdruck bringt.
   Versetze dich in Evis Lage. Schreibe den Tagebucheintrag in der Ich-Form.   2/2

6. In der Karikatur (M 1) wird der Umgang mit alten Menschen dargestellt.
   a) Beschreibe die Karikatur genau.   1/1
   b) Stelle zwei Zusammenhänge zwischen Karikatur und Text her.   2/2

7. Evi liebt ihre Familie und fühlt sich für das Schicksal ihrer Oma verantwortlich.
   Zeige an zwei weiteren Beispielen aus verschiedenen Lebensbereichen, wie auch du Verantwortung übernehmen kannst. Erläutere ausführlich.   3/3

   32

Text 2

Erziehung durch die Peergroup

Größere Mengen Alkohol trinken, spät nach Hause kommen, Eltern anlügen, den modischen Style anderer annehmen – Teenager probieren mit Gleichaltrigen vieles aus, was ihre Eltern nicht immer gut finden. Manche zaghaft, andere richtig exzessiv. „Ich habe mich von meiner Freundin Paula ganz schön mitreißen lassen", erzählt die heute 23-jährige Annabell. „Sie war so cool, sie hat mit 14 angefangen zu rauchen, hat sich stark geschminkt, die Haare gefärbt und ist immer mit älteren Jungs abgehangen. Das gefiel mir – da wollte ich auch dazugehören." Annabell änderte ebenfalls ihr Äußeres, begann zu rauchen, obwohl sie es widerlich fand, und versuchte, den Geruch mit Haarspray und Parfüm zu überdecken, wenn sie nach Hause kam. „Einmal hat meine Mutter mich auf das Rauchen angesprochen und angefangen zu weinen, weil sie so enttäuscht von mir war. Das hat mir ein richtig schlechtes Gewissen gemacht – und eigentlich wusste ich ganz genau, dass das, was ich da machte, überhaupt nicht ich bin." Ein Jahr lang zog sich diese Phase hin, dann wechselte Paula die Schule, und Annabell wurde wieder zu Annabell, die ihre Leidenschaft für die Schultheatergruppe entdeckte.

Die Bedeutung der Peergroup, also der Gruppe der Gleichaltrigen, wird mit zunehmendem Teenageralter immer größer. „Wenn ich zu einer Gruppe gehöre, die ich attraktiv finde, stärkt das mein Selbstwertgefühl", erläutert Diplompsychologe Bodo Reuser. Studien belegen, dass Heranwachsende ungefähr ab einem Alter von zehn Jahren die Welt auf eigenen Wegen erkunden wollen – und dazu suchen sie sich neue Verbündete. „Die Hochphase dieser neuen Bindungen ist mit ungefähr 14 Jahren erreicht", so Reuser. Freundschaften werden außerordentlich wichtig, teilweise ersetzen sie sogar die Eltern als engste Vertrauenspersonen.

Auch Franziska erlebte mit ihren Freundinnen in der achten und neunten Klasse eine experimentelle Zeit, in der sie sich aus heutiger Sicht gar nicht wohlfühlte. „Wir waren eine Gruppe von sechs Mädels. Auf einmal begann der Alkohol interessant zu werden – und alle machten mit", erzählt die 17-Jährige. Beinahe jedes Wochenende gingen die Minderjährigen feiern, betranken sich und kamen auch schon mal später als verabredet nach Hause. „Einmal war es bei mir vier Uhr morgens – da war vielleicht was los", erinnert sich Franziska. Doch das Schlimmste war für die Schülerin, wie ihr Vater reagierte, als sie ihm einmal morgens verkatert begegnete. „Er hat mich bestimmt eine halbe Stunde lang damit aufgezogen. Das war extrem unangenehm. Denn eigentlich war es mir immer wichtig, Regeln zu befolgen und meine Eltern nicht zu enttäuschen. Aber irgendwie habe ich mich von den anderen mitreißen lassen."

Die Berufsberaterin Ulrike Bentlage weiß, warum Jugendliche sich so gerne von der Peergroup beeinflussen lassen: „Je enger man in die Gruppendynamik einer nicht frei gewählten Gemeinschaft – wie der in der Schule – eingebunden ist, desto eher tut man Dinge, die gegen die eigenen Bedürfnisse gehen." Und Cliquen sind nun mal der Mittelpunkt des sozialen Lebens von Pubertierenden. Allerdings ist das eine Phase, die sich wieder abschwächt. Auch bei Franziska war es so. Ihrer Clique blieb sie treu, dem Alkohol aber nicht, was durchaus geachtet wurde. „Meine Freunde haben mir sogar alkoholfreies Bier bestellt und gesagt, dass sie es gut finden, wenn ich nichts trinke." Sie wollte sie dazu bringen, es ihr gleichzutun, doch sie lehnten mit der Begründung ab, sich durch das Trinken interessant machen zu wollen. „Dass sich meine Freunde während dieser Zeit so verstellt haben, fand ich sehr schade", erinnert sich Franziska im Nachhinein.

Es ist für Jugendliche auf die Dauer sehr anstrengend, sich an die Peergroups aus dem schulischen Umfeld anzupassen. Gerade, weil dies nicht immer den eigenen Interessen und Charaktereigenschaften entspricht. Gemeinschaften, die man sich im privaten Bereich sucht, sei es kirchlich, sportlich, musikalisch oder künstlerisch, wirken eher stabilisierend. Denn hier herrschen Gemeinsamkeiten vor, man handelt aus gleichen Interessen. „Das ist meist konstruktiver und bringt den Jugendlichen mehr als die schulische Zwangsgemeinschaft", weiß Bentlage aus zahlreichen Gesprächen mit Schülern.

Ob Schule oder Verein, eines gilt für beide Gruppen: Jugendlichen ist es extrem wichtig, sich mit Gleichaltrigen zu identifizieren, da damit ihr Selbstwertgefühl gestärkt wird. Gleichzeitig dienen die Freunde als soziale Puffer, die helfen, Situationen wie etwa Mobbing oder Ärger mit den Eltern zu bewältigen. Dennoch werden Mutter und Vater von Pubertierenden nicht grundsätzlich ausgeschlossen. Stimmt die Basis, sind also Vertrauen und Respekt da, wird die Bindung zu den Eltern auch weiterbestehen. Nur vielleicht weniger intensiv. Droht ein Kind dennoch, in einen negativen Freundeskreis zu geraten, helfen keine Verbote. Die führen nur zu Heimlichkeiten. „Wichtiger ist es, den Kontakt zu halten und sich miteinander zu beschäftigen", rät Reuser, der die Erziehungsberatungsstelle der evangelischen Kirche in Mannheim leitet. Auch wenn das manchmal leichter gesagt ist als getan, ist der respektvolle Dialog das einzig Zielführende. „Der richtige Weg könnte sein, bestimmte Fragen zu stellen: Was magst du so an der Person? Was ist eure gemeinsame Basis?", sagt Bentlage. Eltern dürfen ruhig sagen, was sie an dem Freund stört, und ein Nachdenken über Konsequenzen anregen, die der Umgang in der Außenwirkung mit sich bringen könnte. Jeder muss ein Gespür dafür entwickeln, wo er hinpasst. Das gilt auch später für das berufliche Umfeld. Geschult werden kann das bereits im Jugendalter.

Quelle: Angelika Finkenwirth, Die Erziehung der Peergroup. Aus: Magazin Schule. Heft 4/2015, S. 106 ff.

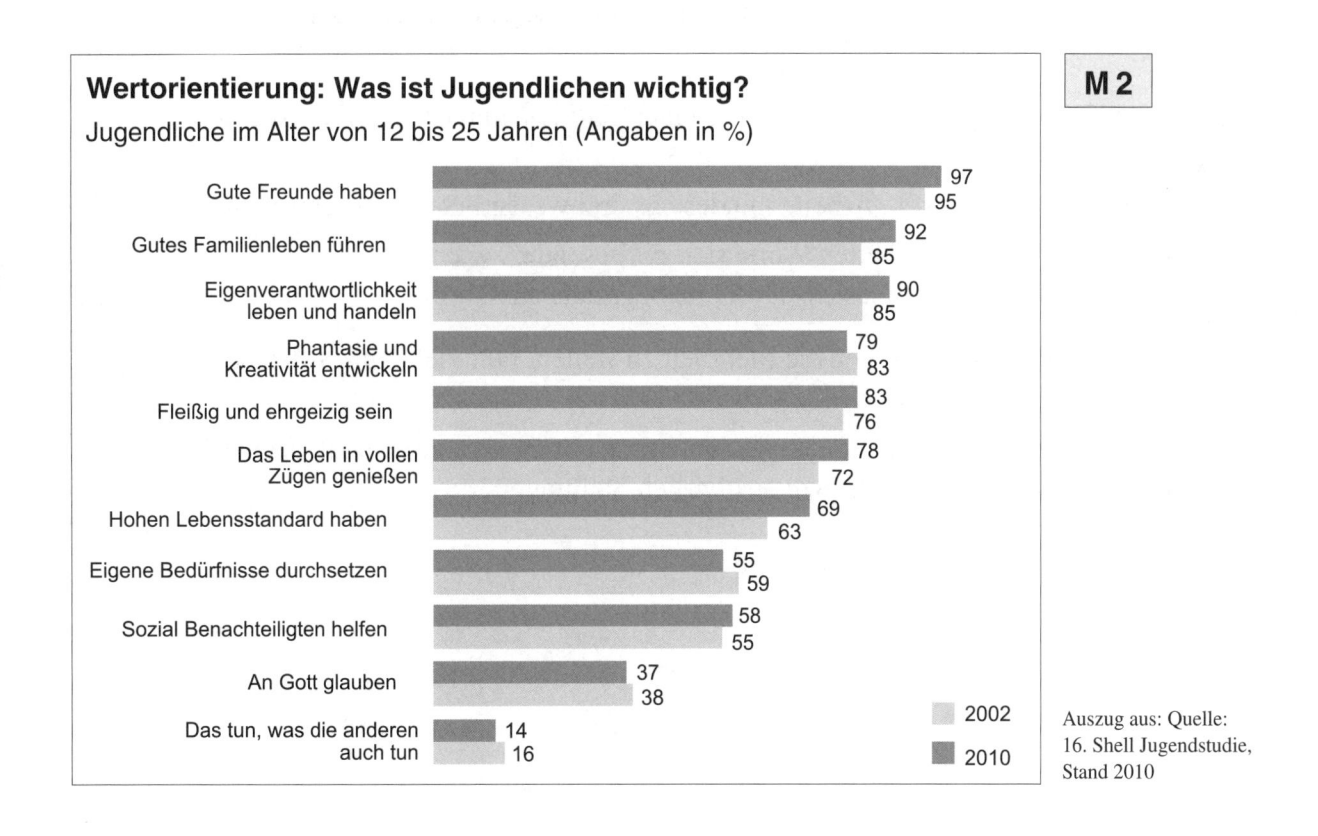

Wertorientierung: Was ist Jugendlichen wichtig? — M 2

Jugendliche im Alter von 12 bis 25 Jahren (Angaben in %)

Wert	2002	2010
Gute Freunde haben	95	97
Gutes Familienleben führen	85	92
Eigenverantwortlichkeit leben und handeln	85	90
Phantasie und Kreativität entwickeln	83	79
Fleißig und ehrgeizig sein	76	83
Das Leben in vollen Zügen genießen	72	78
Hohen Lebensstandard haben	63	69
Eigene Bedürfnisse durchsetzen	59	55
Sozial Benachteiligten helfen	55	58
An Gott glauben	38	37
Das tun, was die anderen auch tun	16	14

Auszug aus: Quelle: 16. Shell Jugendstudie, Stand 2010

Arbeitsaufträge   Inhalt/Sprache

1. Formuliere eine Kurzzusammenfassung zum Text.   2/2

2. Folgende Begriffe kommen im Text als Fremdwörter vor.
   Suche sie heraus und ordne sie entsprechend zu.   2/0
   a) übermäßig, ausschweifend, ausufernd
   b) Abschnitt, Stufe einer Entwicklung
   c) ungünstig, verneinend, nachteilig
   d) Folge, Folgerung, Auswirkung

3. Der Einfluss von Peergroups auf Jugendliche ist nicht zu unterschätzen.
   a) Sie können das Verhalten von Jugendlichen negativ beeinflussen. Nenne stichpunktartig vier Beispiele aus dem Text.   2/1
   b) Beschreibe ausführlich anhand von zwei eigenen Beispielen, welche Vorteile es haben kann, zu einer Gruppe zu gehören.   2/2

4. Auch wenn die Gruppe der Gleichaltrigen für Jugendliche eine wichtige Rolle spielt, geht der Einfluss der Eltern nicht zwingend verloren.
   Zitiere zwei Textstellen, aus denen hervorgeht, wie Eltern reagieren können, wenn sie mit den Freunden ihrer Kinder nicht einverstanden sind.   1/1

5. Dein bester Freund/deine beste Freundin hat sich in den letzten Wochen stark verändert und gibt damit an, wie viel er/sie trinken kann.
   Schreibe ihm/ihr eine E-Mail, in der du deine Sorgen begründet zum Ausdruck bringst.   2/2

6. In der Abbildung (M 2) wird das Ergebnis einer Umfrage unter Jugendlichen grafisch dargestellt.
   a) Beschreibe die Statistik. Arbeite mindestens drei wesentliche Aussagen heraus.   1,5/1,5
   b) Welche der hier aufgeführten Werte sind dir besonders wichtig? Entscheide dich für mindestens zwei und begründe ausführlich.   2/2

7. „Nein" zu sagen und sich gegen die Mehrheit zu stellen, fällt nicht nur in Bezug auf Rauchen und Trinken schwer.
   Zeige an zwei weiteren Situationen, warum es manchmal vernünftiger ist, seinen eigenen Weg zu gehen. Nimm dazu ausführlich Stellung.   3/3

                                                                                             32

Qualifizierender Abschluss der Mittelschule Bayern 2017
Deutsch

Teil A: Sprachbetrachtung

1. Ergänze folgende Sätze. Verwende dazu ein Wort der vorgegebenen Wortart.

Verb	Betriebe _____, dass sie dringend Azubis suchen und keine finden.
Adjektiv	Gleichzeitig ist jedoch auch die Zahl der Jugendlichen, die keinen _____ Ausbildungsplatz gefunden haben, stark gestiegen.
Nomen	Wenn Jugendliche nicht sofort einen Ausbildungsplatz gefunden haben, können sie mit mehreren _____ _____ ihre beruflichen Chancen steigern.
unbestimmtes Zahlwort	_____ sind nicht bereit, eine Ausbildung zum Koch oder Klempner zu beginnen, nur weil es hier noch freie Stellen gibt.

_____ von 2 P

2. Bilde aus allen vorgegebenen Wörtern einen sinnvollen Satz im Präteritum (1. Vergangenheit).

den / steigen / der / Jahren / Zahl / aufgelösten / Ausbildungsverträge / in / letzten / die

_____

_____

_____

_____

_____ von 1 P

3. Setze die in Klammern angegebenen Wörter so ein, dass der jeweilige Satz grammatikalisch korrekt ist.

Bei _____ (angehende Köche) ist die Zahl der Abbrüche besonders hoch.

Viele Jugendliche wechseln auch in _____ (ein anderer Betrieb).

Zudem sind die _____
(derzeitig bestehende Ausbildungsvergütung) sehr gering in diesen Branchen.

Die Verbesserung der Ausbildungsqualität ist das Ziel des _____
_____ (Bayerischer Hotel- und Gaststättenverband).

_{Sprachmaterial entnommen und stark verändert aus: Eva Roth, Berliner Zeitung, 04. 08. 2014; im Internet unter: http://www.berliner-zeitung.de/_wirtschaft/report-vom-bundesinstitut-fuer-berufsbildung-warum-viele-jugendliche-keinen-ausbildungsplatz-finden-1209386}

_____ von 2 P

4. Bestimme die unterstrichenen Satzglieder. Schreibe die Lösung in die dafür vorgesehenen Zeilen.

   Verhaltensregeln helfen dir im täglichen Leben.
   Die Vorgesetzten schätzen auch in den Betrieben höfliches Betragen.

   a) helfen: _____
   b) dir: _____
   c) Die Vorgesetzten: _____
   d) höfliches Betragen: _____

_____ von 2 P

5. Schreibe neben das Nomen die passende Pluralform.

| das Mädchen | |
| der Radius | |

_____ von 1 P

Erreichte Gesamtpunktzahl: _____ von 8 Punkten

Teil B: Rechtschreiben

> **Prüflinge mit anerkannter <u>Rechtschreibstörung</u>, die Notenschutz gemäß § 34 Abs. 7 BaySchO beanspruchen, bearbeiten Teil B (Seite 3 und 4) nicht.**

1. Schreibe die Sätze in der richtigen Schreibweise auf.

   höflichkeitundfreundlichkeitsindtugenden, dieinallenkulturen geschätztwerden. dasbedeutetauch, achtungvordenmitmenschenzuzeigen.

   _____
   _____
   _____
   _____
   _____
   _____

   ____ von 2 P

2. Welche Rechtschreibstrategie hilft dir, dich für die richtige Schreibung zu entscheiden? Kreuze an.

tatsächlich	☐ Ich achte auf die Endung.
	☐ Ich suche nach einem verwandten Wort.
	☐ Ich steigere das Wort.
	☐ Ich bilde den Singular.
Wahl	☐ Ich achte auf die Endung.
	☐ Ich achte auf die Wortbedeutung.
	☐ Ich trenne nach Silben.
	☐ Ich überprüfe die Wortart.

   ____ von 1 P

3. Setze die richtigen s-Laute ein (s – ss – ß).

   Die Zeit nach dem Schulabschlu____ ist nicht immer das, was sich viele Schüler erträumen. Auf einmal hei____t es, da____ man früher aufstehen muss und deutlich weniger Freizeit hat. Da____ fällt manchen Jugendlichen nicht leicht.

   ____ von 2 P

4. Trenne folgende Wörter so oft wie möglich und schreibe sie mit Trennungszeichen in die vorgegebenen Zeilen.

   a) Ausbildungsverträge:

   _____

   b) zusammenpassend:

   _____

   _____ von 1 P

5. Im folgenden Text sind vier Wörter falsch geschrieben. Suche sie heraus und schreibe sie fehlerfrei auf.

   Und damit sind wir bei den Problemen von Betrieben, Azubis zu finden. Vor allem Hotels und Gaststätten sowie Bäckerein und Metzgereien ist es nicht gelungen, alle Lehrställen zu besezen. In diesen Branchen ist die Ausbildungsvergütung sehr Niedrig.

   _____   _____

   _____   _____

   Sprachmaterial entnommen und verändert aus: Eva Roth, Berliner Zeitung, 04. 08. 2014; im Internet unter: http://www.berliner-zeitung.de/_wirtschaft/report-vom-bundesinstitut-fuer-berufsbildung-warum-viele-jugendliche-keinen-ausbildungsplatz-finden-1209386

   _____ von 2 P

Erreichte Gesamtpunktzahl: _____ von 8 Punkten

Teil C: Schriftlicher Sprachgebrauch

Text 1

Hauptsache weit

Und weg, hatte er gedacht.
Die Schule war zu Ende, das Leben noch nicht, hatte noch nicht begonnen, das Leben. Er hatte nicht viel Angst davor, weil er noch keine Enttäuschungen kannte. Er war ein schöner Junge mit langen dunklen Haaren, er spielte Gitarre, komponierte am Computer und dachte, irgendwie werde ich wohl später nach London gehen, was Kreatives machen. Aber das war später.
Und nun?
Warum kommt der Spaß nicht? Der Junge hockt in einem Zimmer, das Zimmer ist grün, wegen der Neonleuchte, es hat kein Fenster und der Ventilator ist sehr laut. Schatten huschen über den Betonboden, das Glück ist das nicht, eine Wolldecke auf dem Bett, auf der schon einige Kriege ausgetragen wurden. Magen gegen Tom Yam[1], Darm gegen Curry. Immer verloren, die Eingeweide. Der Junge ist 18, und jetzt aber Asien, hatte er sich gedacht. Mit 1 000 Dollar durch Thailand, Indien, Kambodscha, drei Monate unterwegs, und dann wieder heim, nach Deutschland.
Das ist so eng, so langweilig, jetzt was erleben und vielleicht nie wieder zurück. Hast du keine Angst, hatten blasse Freunde zu Hause gefragt, so ganz alleine? Nein, hatte er geantwortet, man lernt ja so viele Leute kennen unterwegs. Bis jetzt hatte er hauptsächlich Mädchen kennengelernt, nett waren die schon, wenn man Leute mag, die einen bei jedem Satz anfassen. Mädchen, die aussahen wie dreißig und doch so alt waren wie er, seit Monaten unterwegs, die Mädchen, da werden sie komisch. Übermorgen würde er in Laos[2] sein, da mag er jetzt gar nicht dran denken, in seinem hässlichen Pensionszimmer, muss Obacht geben, dass er sich nicht aufs Bett wirft und weint, auf die Decke, wo schon die anderen Dinge drauf sind. In dem kleinen Fernseher kommen nur Leute vor, die ihm völlig fremd sind, das ist das Zeichen, dass man einsam ist, wenn man die Fernsehstars eines Landes nicht kennt und die eigenen keine Bedeutung haben.
Der Junge sehnt sich nach Stefan Raab[3], nach Harald Schmidt[4] und Echt[5]. Er merkt weiter, dass er gar nicht existiert, wenn er nichts hat, was er kennt. Wenn er keine Zeitung in seiner Sprache kaufen kann, keine Klatschgeschichten über einheimische Prominente lesen, wenn keiner anruft und fragt, wie es ihm geht. Dann gibt es ihn nicht. Denkt er. Und ist unterdessen aus seinem Zimmer in die heiße Nacht gegangen, hat fremdes Essen vor sich, von einer fremdsprachigen Serviererin gebracht, die sich nicht für ihn interessiert, wie niemand hier. Das ist wie tot sein, denkt der Junge. Weit weg von zu Hause, um anderen beim Leben zuzusehen, könnte man umfallen und sterben in der tropischen Nacht und niemand würde weinen darum. Jetzt weint er doch, denkt an die lange Zeit, die er noch rumbekommen muss, alleine in heißen Ländern mit seinem Rucksack, und das stimmt so gar nicht mit den Bildern überein, die er zu Hause von sich hatte. Wie er entspannt mit Wasserbüffeln spielen wollte, in Straßencafés sitzen und cool sein.
Was ist, ist einer mit Sonnenbrand und Heimweh nach den Stars zu Hause, die sind wie ein Geländer zum Festhalten. Er geht durch die Nacht, selbst Tiere reden ausländisch, und dann sieht er etwas, sein Herz schlägt schneller. Ein Computer, ein Internet-Café. Und er setzt sich, schaltet den Computer an, liest seine E-Mails.
Kleine Sätze von seinen Freunden, und denen antwortet er, dass es ihm gut gehe und alles großartig ist, und er schreibt und schreibt und es ist auf einmal völlig egal, dass zu seinen Füßen ausländische Insekten so groß wie Meerkatzen[6] herumlaufen, dass

das fremde Essen im Magen drückt. Er schreibt seinen Freunden über die kleinen Katastrophen und die fremde Welt um ihn verschwimmt, er ist nicht mehr allein, taucht in den Bildschirm ein, der ist wie ein weiches Bett, er denkt an Bill Gates und Fred Apple[7], er schickt eine Mail an Sat 1, und für ein paar Stunden ist er wieder am Leben, in der heißen Nacht weit weg von zu Hause.

Quelle: Berg, Sibylle: Das Unerfreuliche zuerst. Herrengeschichten. Kiepenheuer & Witsch. Köln, 2001, S. 123 ff.

Anmerkungen
1 Tom Yam: scharfe, thailändische Suppe
2 Laos: Staat in Südostasien
3 Stefan Raab: deutscher Fernsehmoderator, Musikproduzent
4 Harald Schmidt: deutscher Fernsehmoderator
5 Echt: erfolgreiche deutsche Popgruppe der 90er-Jahre
6 Meerkatzen: 32 bis 70 cm große Affen
7 Fred Apple: Fred D. Anderson, Finanzchef des Unternehmens Apple

Er wollte nach London — M 1

[...]
Er war in London, er war in Paris
er war in vielen großen Städten
er schlief auf harten Parkbänken
und auf weichen Wasserbetten
5 er spürte, dass er irgendwie auf der
Suche war
doch was er eigentlich wollte
das war ihm damals noch nicht klar

Inzwischen ist er neunzehn
10 und er weiß immer noch nicht so genau
was er denn nun davon halten soll
von dieser ganzen Schau
viele Sachen sieht er anders
und er glaubt auch nicht mehr so daran
15 dass es nur an der Umgebung liegt
vielleicht kommt es doch
mehr auf einen selber an [...]

Werk: Er wollte nach London, Titel: Mit dreizehn ist er zum ersten Mal, Text: Udo Lindenberg, Copyright: Universal/MCA Music Publishing GmbH, Berlin

Arbeitsaufträge   **Inhalt/Sprache**

1. Fasse den Inhalt der Geschichte in wenigen Sätzen zusammen.   2/2

2. „Hauptsache weit – Und weg, hatte er gedacht." (Überschrift und Z. 1)
   Formuliere zwei Erwartungen, die der Junge vor der Reise hatte.   1/1

3. „Warum kommt der Spaß nicht?" (Z. 12), fragt sich der Junge während seiner Reise.
   Nenne stichpunktartig vier Gründe.   2/1

4. Der Text enthält die folgenden bildhaften Vergleiche.
   Erkläre ihre jeweilige Bedeutung aus dem Textzusammenhang mit eigenen Worten.   2/2
   a) „Stars (…) wie ein Geländer zum Festhalten." (Z. 74/75)
   b) „Bildschirm (…) wie ein weiches Bett (…)." (Z. 91/92)

5. Der Junge mailt seinen Bekannten, „dass es ihm gut gehe und alles großartig ist" (Z. 82/83). Seinem besten Freund aber schreibt er, wie es wirklich in ihm aussieht und was er auf seiner Reise über sich selbst gelernt hat.
   Versetze dich in den Jungen hinein. Schreibe diese E-Mail in der Ich-Form.   3/3

6. Der Liedtext „Er wollte nach London" (M 1) beschäftigt sich mit der gleichen Thematik wie die Geschichte „Hauptsache weit".
   a) Arbeite drei Gemeinsamkeiten heraus.   1,5/1,5
   b) „Vielleicht kommt es doch mehr auf einen selber an." (M 1: Z. 16/17)
   Verdeutliche diese Erkenntnis anhand eines konkreten Beispiels aus deinem Leben und beschreibe dieses ausführlich.   2/2

7. „Die Schule war zu Ende, das Leben noch nicht, hatte noch nicht begonnen, das Leben." (Z. 2/3)
   Welchen Traum würdest du dir gerne erfüllen?
   Beschreibe und begründe ihn ausführlich. Zeige anschließend auf, wie du ihn verwirklichen könntest.   3/3

                                                                                                               32

Text 2

Müll – der achte Kontinent

Man stelle sich eine Fläche von der Größe Mitteleuropas vor – ausschließlich bestehend aus Abfall. Fast so groß wie ein ganzer Kontinent ist die Menge an Müll, die wir bis heute im Meer entsorgt haben.

Der „achte Kontinent" wächst täglich. Im windstillen Teil des Pazifischen Ozeans gelegen, ist er in etwa so groß wie Mitteleuropa, vielleicht auch zweimal so groß. So genau weiß das niemand. Was bekannt ist: Er ist hässlich, giftig und gefährlich. Denn der achte Kontinent besteht nur aus Abfall, aus Millionen und Abermillionen Tonnen Wohlstandsmüll, der sich durch die Meeresströmung hier ansammelt. Das ist wie eine wortlose Anklage an die gedankenlose Wegwerfmentalität vor allem in den Industrieländern. Weltweit verschmutzen mehr als 100 Millionen Tonnen Plastikmüll die Ozeane, schätzt das Umweltprogramm der Vereinten Nationen (UNEP). Mindestens 6,4 Millionen Tonnen Plastikmüll gelangen jedes Jahr neu in die Meere. Betroffen sind alle Regionen, selbst in der bislang gering belasteten arktischen Tiefsee werden steigende Mengen registriert.

Rund 20 Prozent stammen von Schiffen, 80 Prozent vom Festland. Einleitungen von Industrie und Landwirtschaft bereiten die größten Probleme. Auch Winde transportieren beträchtliche Abfallmengen, beispielsweise aus offenen Deponien, wie sie in Großbritannien und den Niederlanden noch immer zu finden sind. Auch Hochwasser und Fluten schwemmen Müll und Schadstoffe in großen Mengen in die Ozeane. Nicht zu vergessen ist der Tourismus-Müll, mit dessen fachgerechter Entsorgung viele Urlaubsländer schlichtweg überfordert sind.

Treibende Verpackungen und anderer Plastikmüll sind nicht nur ein optisches Ärgernis oder lösen kurzzeitig Unbehagen aus, wenn sich beim Baden im Mittelmeer wieder eine ausgefranste Plastiktüte um die Beine wickelt. Plastik ist extrem langlebig, bis zur vollständigen Zersetzung können 500 Jahre vergehen. Als besonders problematisch werden Plastiktüten und winzige Plastikkugeln angesehen, die z. B. in Peelingprodukten und Duschgels enthalten sind. Sie seien oft so klein, dass Kläranlagen sie nicht herausfiltern könnten, heißt es. In vielen Kunststofferzeugnissen befinden sich Giftstoffe wie Weichmacher, die in großen Mengen in die Meere gelangen.

Zunächst beeinträchtigt das die Pflanzen- und Tierwelt im Wasser: Die Tiere sehen den Müll nicht, verfangen sich darin oder verletzen sich tödlich. Zudem verwechseln sie den zu Granulat verkleinerten Müll mit Nahrung. Doch der Stoff ist unverdaulich, so dass die Tiere im schlimmsten Fall mit einem Magen voller Plastik verhungern. Letztlich aber schädigt sich der Mensch selbst. „Die im Plastik gebundenen Gifte werden mit jeder Fischmahlzeit aufgenommen", sagt Kim Detloff vom Naturschutzbund (NABU). „Die Gifte landen auf unserem Teller."

Um die Verschmutzung der Meere zu stoppen, startete der NABU in Deutschland die Initiative „Fishing for Litter": Fischer an der Nord- und Ostsee werfen mülligen „Beifang" nicht ins Meer zurück, sondern sammeln diesen an Bord in großen Industriesäcken, die in den Häfen in speziellen Containern abgelegt werden. Mit einem flächendeckenden „Fishing for Litter"-System kann man rund zehn Prozent des Jahreseintrages herausfischen. Bei rund 20 000 Tonnen Müll – nicht nur Plastik –, die jährlich allein in der Nordsee landen, wären das immerhin ca. 2 000 Tonnen. Sollte es gelingen, auch andere Länder an Nord- und Ostsee für die Idee zu gewinnen, käme man einer wirksamen Reinigung beider Meere einen großen Schritt näher.

Allen bereits in den Meeren vorhandenen Müll wieder herauszufischen, halten die meisten Experten für eine Illusion. Ein erster

Schritt ist, die Neueinträge drastisch zu senken, indem man zum Beispiel den Verpackungsmüll reduziert. Denn laut Bundesumweltamt verbraucht jeder Deutsche im Schnitt 71 Plastiktüten im Jahr. Benjamin Bongardt vom NABU meint: „Es kann nicht sein, dass Plastiktüten etwa in Kaufhäusern oder Bekleidungsläden kostenlos abgegeben werden." Auch in der Politik ist diese Diskussion angekommen.

Quelle: Jochen Clemens, 31. 07. 2013. Text verändert nach: https://www.welt.de/dieweltbewegen/sonderveroeffentlichungen/nachhaltigeverpackungen/article118387922/Der-achte-Kontinent-besteht-aus-Muell.html

M 2: Gefahr aus der Tiefe

© Tomicek

M 3

Plastiktüten-Verbrauch im EU-Vergleich

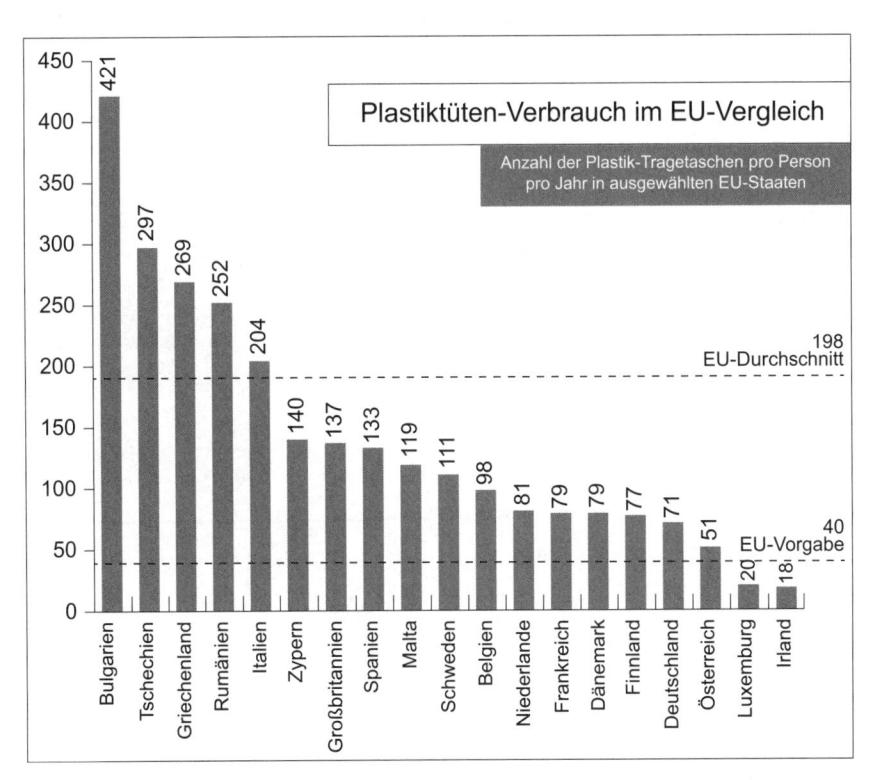

Anzahl der Plastik-Tragetaschen pro Person pro Jahr in ausgewählten EU-Staaten

Land	Anzahl
Bulgarien	421
Tschechien	297
Griechenland	269
Rumänien	252
Italien	204
Zypern	140
Großbritannien	137
Spanien	133
Malta	119
Schweden	111
Belgien	98
Niederlande	81
Frankreich	79
Dänemark	79
Finnland	77
Deutschland	71
Österreich	51
Luxemburg	20
Irland	18

EU-Durchschnitt: 198
EU-Vorgabe: 40

Quelle: EU-Kommission. © BMUB; im Internet unter: http://www.l-t.de/l-t/neuigkeiten/details/news-title/endlich-weniger-plastik-21/

Arbeitsaufträge   Inhalt/Sprache

1. Fasse den Inhalt des Textes in wenigen Sätzen zusammen.   2/2

2. Folgende Begriffe kommen im Text als Fremdwörter vor.
   Suche sie heraus und ordne sie entsprechend zu.   2/0
   a) Müllabladeplätze
   b) Wunschvorstellung
   c) aufgezeichnet, erfasst
   d) vermindert, herabgesetzt

3. In der Überschrift wird der Ausdruck „der achte Kontinent" verwendet.
   Erkläre diesen bildhaften Ausdruck und beschreibe diesen „Kontinent" genauer.   1,5/1,5

4. „Treibende Verpackungen und anderer Plastikmüll sind nicht nur ein optisches Ärgernis (…)." (Z. 40/41)
   Arbeite stichpunktartig vier weitere Probleme aus dem Text heraus.   2/1

5. Die Karikatur (M 2) greift das Thema des Textes auf.
   a) Beschreibe die Karikatur.   1/1
   b) „Letztlich aber schädigt sich der Mensch selbst." (Z. 64/65)
      Stelle einen Zusammenhang zwischen dem Zitat und der Karikatur her.   2/2

6. Die Statistik (M 3) stellt den Plastiktütenverbrauch im EU-Vergleich dar.
   a) Welche Besonderheiten werden deutlich? Formuliere vier wesentliche Aussagen.   2/2
   b) Seit einiger Zeit muss man in vielen Kaufhäusern für Plastiktüten bezahlen.
      Findest du diese neue Regelung sinnvoll? Begründe deine Meinung ausführlich.   2/2

7. Umweltschutz geht uns alle an und bedeutet nicht nur die Vermeidung von Müll. Was kannst du tun, um unsere Umwelt auch für nachfolgende Generationen zu schützen?
   Erläutere ausführlich anhand von zwei weiteren Beispielen.   3/3

   32

Listening Comprehension Text

Part 1:

WAITER: Yours was the white wine, wasn't it, madam?

MOTHER: Um, no, that was for my husband. The red is for me.

WAITER: I'm sorry, here you are madam.

MOTHER: Thanks.

WAITER: And the white for you, sir.

FATHER: Thank you.

WAITER: Roast beef with chips and mixed vegetables. Is this for you, sir?

FATHER: Er, no. It's for my daughter. I ordered the fish.

WAITER: Ah, the fish. The fish with rice and broccoli.

FATHER: Right.

WAITER: Here you are, young lady. Your roast beef. Enjoy your meal.

RACHEL: Thank you.

MOTHER: Hmm ... that looks fantastic. I should have taken that, too, but I'm sure my fish soup will be fine.

WAITER: Okay, fish with rice and broccoli. Here you are, sir. And the soup for you, madam. Hope you enjoy it.

FATHER & MOTHER: Thank you.

Part 2:

SPEAKER: ... and in our restaurant we have a wide selection of meals today.

Come to our Sandwich Corner and create your own sandwich! Choose from a variety of bread and a range of meats and cheeses. Every sandwich costs just £2.50.

Today's special offer in the Sandwich Corner and only available between four and five this afternoon: buy one and get one free!

At our Salad Bar, you can make your own salad for only £3.99. Pay just £1 more, and you can choose from a selection of cold ham, sausages, eggs and fish to go with your salad.

If you prefer a warm meal, Italian food is our speciality this week. We offer some of the most popular Italian dishes. Prices start at £4.50. For children we have halfprice meals for only £2.25.

These delicious offers are all available now in our restaurant. Come and join us on the fifth floor.

Part 3:

ANNE: Mmm, this soup tastes delicious. Did you make it yourself?

BETTY: Yes, but it's nothing special, just my usual cream of vegetable soup.

ANNE: But it really is fantastic. What did you put in it?

BETTY: Well, some chopped cabbage, a bit of celery, carrots, and some fried onions. And then I added spices, of course, and salt and pepper and so on ...

ANNE: Hmm, but this has got potatoes and tomatoes in it, hasn't it?

BETTY: Yes, potatoes, I always use them. And I normally use tomatoes too, but I didn't have any today.

ANNE: And the green bits? What are they? Beans?

BETTY: No, no, they're peas.

ANNE: Hmm, and there's no meat in it?

BETTY: No, there is. I put a bit of bacon in it. Is that okay for you?

ANNE: Yeah, of course. It gives it a really lovely flavour.

BETTY: Yes. I think so, too.

ANNE: Are all the vegetables from your garden?

BETTY: Yes, everything. Only one thing isn't: the mushrooms.

ANNE: Well, it really is delicious.

BETTY: Thank you. Would you like some more?

Part 4:

PAMELA: Hello.

MIKE: Hi, Pamela. It's me, Mike.

PAMELA: Hi, Mike, nice to hear from you again. Are you back?

MIKE: Yes, I've been back since Monday. I thought it would be nice to meet up for a meal again. How about Friday evening?

PAMELA: Well, that's a nice idea, Mike, but I'm afraid I'm rather busy right now. On Friday I

probably won't be home until 9 or something ...
MIKE: Oh, I see. Well, what about Saturday, then?
PAMELA: That sounds fine. Where would you like to go?
MIKE: Well, what do you think about an Indian restaurant? Shall we try one?
PAMELA: I'm sorry, but Indian food is far too hot for me.
MIKE: Okay. Why don't we go to the Red Lion, then? They do good food, and they have a lot of vegetarian meals. Have you been there? Do you know the pub?
PAMELA: Yes, I know it well. Everybody goes there for their fresh vegetables and baked potatoes. Let's go there. How about 7 o'clock?
MIKE: I think it opens at 7, so I'll pick you up at your house at half past six. Okay?
PAMELA: Fine. See you on Saturday then.
MIKE: Thanks. Bye now.
PAMELA: Bye, Mike.

A Listening Comprehension Test

points

Task 1: A family is in a restaurant. The waiter is coming with the orders. What did they order?
While listening, tick (✓) the correct box. There are two extra orders in the list.

3

	mother	father	daughter
white wine			
red wine			
fish			
fish soup			
rice			
broccoli			
beef steak			
roast beef			
chips			
vegetables			
vegetable soup			
	1 point	1 point	1 point

Task 2: You are in a department store. In the lift you hear an announcement.
Listen and complete the sentences. Write numbers.
There is an example at the beginning (0).

0. A sandwich costs £ **2.50**.

1. From _____ to _____ o'clock you get two sandwiches and pay for only one.

2. Creating your own salad costs £ _____.

3. Pay only £ _____ more and you can add ham or eggs to your salad.

4. The cheapest warm meal is £ _____.

5. Children can have an Italian dish for £ _____.

6. The restaurant is on the _____ floor.

Task 3: Betty and Anne are having lunch. Anne is asking Betty about the soup.
What is in the soup (✓) and what is not in the soup (✗)? While listening, put a (✓) or a (✗) in each box. There is an example at the beginning (0).

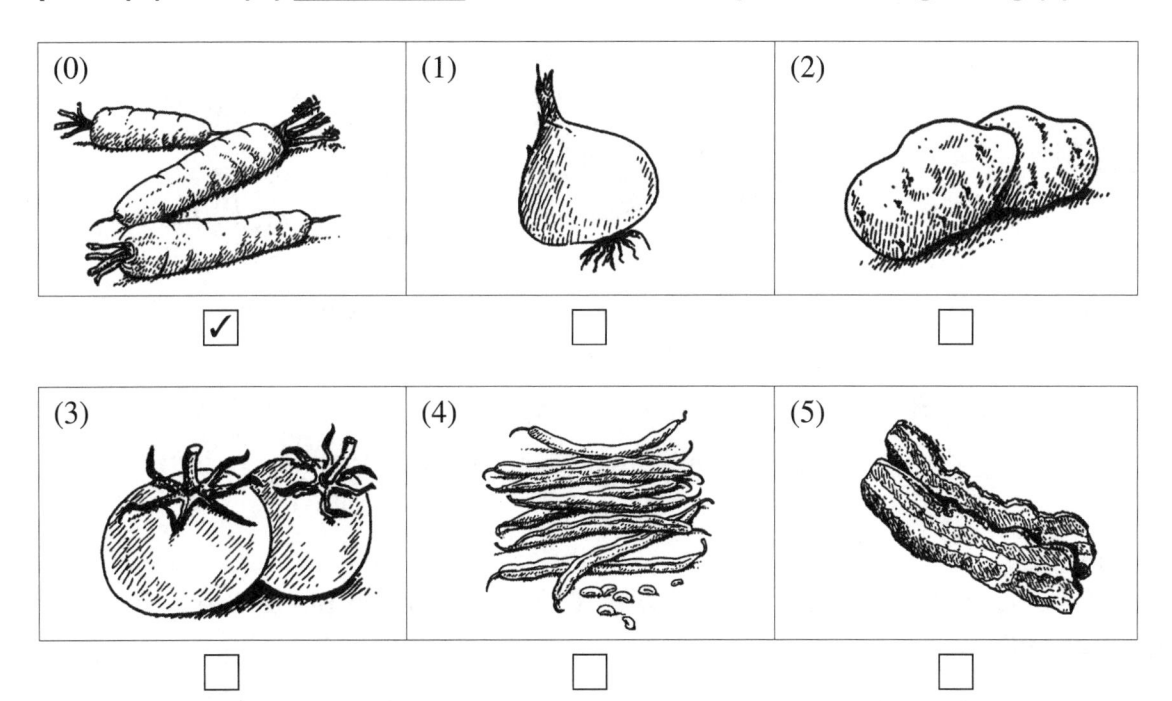

(0) ✓ (1) ☐ (2) ☐

(3) ☐ (4) ☐ (5) ☐

E 2013-3

Task 4: Pamela is talking to Mike on the phone.
Are the sentences true (T) or false (F)? While listening, tick (✓) the correct box. There is an example at the beginning (0).

		T	F
0.	Mike came back on Sunday.		✓
1.	He wants to go out on Friday.		
2.	Pamela wants to stay at home till 9.		
3.	She likes hot Indian meals.		
4.	The Red Lion pub is popular because of its baked potatoes.		
5.	The pub is closed till 7.		
6.	Mike wants to pick Pamela up at 7.30.		

B Use of English

Read the text, look at the pictures and fill in the correct word.
There is one extra picture. There is an example at the beginning (0).

1. **Tom's Party**

   Tom is having a (**0**) **party**. A lot of (**1**) _____ are coming. Everything is ready. The (**2**) _____ are on the table. The (**3**) _____ is full of food and there is enough pizza for everybody. But one thing is missing – the (**4**) _____ cake Tom's sister wanted to make for him.

2. **Foreign Food.**
   Write the correct form of the given word. There is an example at the beginning (0).

   Food from other countries (**0** become) **has become** very popular in Britain. Fifty years ago most people (**1** go) _____ to a pub if they (**2** not want) _____ to eat at home. Since the 1980s a lot of foreign restaurants (**3** open) _____ all over Britain. Today, there (**4** be) _____ Chinese restaurants everywhere.

3. Eating Out

Put the words in the right order. Use all the words. There is an example at the beginning (0).

0. going – restaurants – like – to – you – do – out
   Do you like going out to restaurants?

1. the – you – ever – to – station – near – been – restaurant – have – the

   _____

2. three – been – have – I – this – times – already – month – yes, – there

   _____

3. food – is – like – the – there – what

   _____ ?

4. not – great – food – is – but – cheap – the

   _____

4. School Cafeteria

Circle the word that fits. There is an example at the beginning (0).

British pupils (0) • almost • nearly • suddenly • [usually] • have lunch in their school cafeteria. (1) • That • Their • There • Where • they can get drinks, snacks or even a meal (2) • what • which • who • whose • is quite cheap. They sit together with (3) • a • another • other • our • pupils from their class, have a chat and enjoy (4) • each other • them • themselves • they • before they go to their afternoon lessons.

5. A Telephone Call

**Write Peter's questions. Read Tom's answers first.
There is an example at the beginning (0).**

Peter: Hi, Tom. (**0**) **How are you?**

Tom: I'm fine. I'm on a trip trough Germany.

Peter: (**1**) Oh. _____?

Tom   In Munich. I'm staying in a hostel.

Peter: (**2**) OK. _____?

Tom: € 28 per night, which is not bad.

Peter: (**3**) Great. _____?

Tom: It's sunny and warm.

Peter: (**4**) Lovely. _____?

Tom: I'll be back next weekend.
Peter: Great. See you then. Have fun.
Tom: Thanks. Bye.

Reading Comprehension Test: Happy birthday, Sandwich!

1 Sandwich is a small town with historic buildings in the south of England. It is situated about eighty miles south-east of London. Although it has only 5,000 inhabitants today, it was once one of the most important ports in the country. But what does the town of Sandwich have to do with the sandwich we eat?

The sandwich was "invented" about two hundred and fifty years ago by John Montagu. He was the 4th
5 Earl of Sandwich and lived from 1718 to 1792. The Earl was a very important man at the time because he commanded the British Navy, which was stationed in Sandwich. In his free time the Earl loved to play cards and he often played with his friends for hours and hours. Because he wanted to hold his cards and eat at the same time, he one day asked his butler to bring him some hot meat between two slices of bread. At first his friends did not like the idea because at that time an earl had to eat like a real gentleman – with
10 a knife and a fork. After some time, however, they saw how convenient it was and wanted to have "the same as Sandwich". A new type of food and a new style of eating were born.

Nowadays it is hard to imagine life without sandwiches. Like many people who go out to school or work every day, you probably also have some sandwiches in your lunch box. They are everyone's favourite, from the high society ladies who like thin, delicate cucumber sandwiches for afternoon tea to the working
15 man who enjoys his ham and cheese "butty" (the everyday word for sandwich in northern England) when he has his lunch break.

And if you think how popular this kind of food is all around the world, it is no wonder that in 2012 the people of Sandwich were proud to celebrate the 250th birthday of the sandwich. The town had many interesting shows and activities including special street parties and a sandwich-making competition. And of
20 course, the people there really know how to make good sandwiches. Max King, owner of the Sandwich Shop, says: "Never leave the bread open next to other groceries – the smell of the food gets into the bread. Don't use old bread. It soon gets hard and loses its taste. Always put butter on both pieces of bread. It tastes better and the bread won't get wet."

But is fast food like this really good for you? A study from the year 2005 shows that young people who
25 often eat fast food gain more weight. They also may become ill more easily when they get older. But Jonathan Brightman, who has a sandwich restaurant in London together with his wife, thinks that sandwiches don't have to be unhealthy at all: "I believe that with freshly-baked bread, a filling of organic vegetables and meat straight out of the oven you will get a healthy and tasty meal." So, happy birthday, sandwich!

C Reading Comprehension Test (Dictionary allowed.)

1. **Read the text and choose the right title (A to F) for each paragraph (1 to 5). Use each letter only once. Fill in the extra title as well.** 5

    A Everybody likes sandwiches
    B Sandwiches can also be healthy
    C How the sandwich travelled around the world
    D Sandwich – a historic town in England
    E A party for the sandwich
    F The first sandwich

paragraph 1 (lines 1–3)	paragraph 2 (lines 4–11)	paragraph 3 (lines 12–16)	paragraph 4 (lines 17–23)	paragraph 5 (lines 24–28)	The extra title is
D					

2. **Are the statements true (T), false (F) or not in the text (N)? Tick (✓) the correct box. There is an example at the beginning.**

                                              T   F   N

Example: Sandwich was a port in the east of England. ☐ ✓ ☐

a) The distance between Sandwich and London is 18 miles. ☐ ☐ ☐

b) John Montagu often won when he played cards. ☐ ☐ ☐

c) Working men prefer cucumber sandwiches. ☐ ☐ ☐

d) Max King took part in a sandwich-making competition. ☐ ☐ ☐

e) A study shows that eating fast food can make you overweight. ☐ ☐ ☐

f) Mr Brightman, the owner of a sandwich restaurant, is married. ☐ ☐ ☐

3. **Answer the questions using information from the text. You can write short answers. There is an example at the beginning (0).**

Example: What is Sandwich? **a town in the south of England**

a) How many people live in Sandwich today?

b) Why was the 4th Earl of Sandwich an important man in the 18th century?

c) What was the Earl's hobby?

d) Why did the Earl want to have a "sandwich"?

e) Why did the Earl's friends like his new way of eating?

f) What do some people in Britain call a sandwich?

g) Why should you keep bread away from other food?

h) What are **two** things that make a delicious sandwich?

D Text Production (Dictionary allowed.)

Choose either I. (Correspondence) or II. (Picture story).   20

I. Correspondence: E-Mail

Beachte: Deine E-Mail sollte ungefähr **12 Sätze** umfassen bzw. etwa **100 Wörter** beinhalten. Du kannst auch eigene Gedanken einbringen.
Denke an Anrede, Schlusssatz, Grußformel und an eine ansprechende äußere Form.

Du hast während einer Studienfahrt nach England bei einer Gastfamilie gewohnt. Nach deiner Heimkehr aus England schreibst du deinen Gasteltern Sarah und Paul eine E-Mail auf Englisch.

Gehe dabei auf folgende Inhalte ein:

– Bedanke dich für die Zeit in der Gastfamilie.
– Beschreibe, was dir bei ihnen besonders gefallen hat.
  Gehe auf **drei** der nachfolgenden Punkte näher ein:
  • Unterkunft, z. B. Zimmer, Haus, Garten, …
  • Essen, z. B. gutes Frühstück, …
  • Haustiere
  • besondere Aktivitäten am Abend, z. B. Sport, Kino, …
– Verweise auf Fotos im Anhang.
– Berichte von deiner Heimreise, z. B. Dauer, Ankunftszeit, …
– Beschreibe die Ankunft zuhause.
– Schildere die Reaktion auf die mitgebrachten Geschenke.
– Du hoffst, dass die Gastfamilie dich besucht, wenn sie im nächsten Jahr nach Deutschland kommt. Du würdest dich sehr freuen.

II. Creative Writing: Picture story

Betrachte die Bilder und schreibe eine Geschichte auf Englisch.
Beachte: Deine Geschichte sollte ungefähr **12 Sätze** umfassen bzw. etwa **100 Wörter** beinhalten. Achte auf eine ansprechende äußere Form.
Du kannst wie folgt beginnen:

Dinner for two
One afternoon, Emily called Chris …

E 2013-9

Listening Comprehension Text

Part 1:

MIKE/KATE: Hello. Hi.

RECEPTIONIST: Hello there. Can I help you?

MIKE: Yes, we've reserved a room … um … on the internet.

RECEPTIONIST: OK. Could I have your passports, please?

KATE: Sure.

RECEPTIONIST: Is this your first stay here?

MIKE: Well, not in the US, but it's our first visit to Washington.

RECEPTIONIST: OK. Great. Three nights, right. Leaving on Friday.

KATE: Yeah. That's right.

RECEPTIONIST: Could I have your credit card, please?

MIKE: Sure.

KATE: Um … we wanted to know if you had a room at the back, you know, away from the road.

RECEPTIONIST: Well, actually, you're in room 430, which *is* at the back.

MIKE: Great. Thanks. And all the rooms have Wi-Fi, don't they?

RECEPTIONIST: Yes, they do. You'll need the password, it's JFK 430.

KATE: Great. Thanks. Um … we're booked on a tour of the White House tomorrow morning.

MIKE: Yeah, is it far from here?

RECEPTIONIST: Actually it is. But you can take a taxi or a bus. There's a bus stop right outside the hotel.

MIKE: OK. What about breakfast?

RECEPTIONIST: Breakfast is served from 6.30 till 10. The breakfast room's in the basement. The elevator is behind the bar, on your right.

KATE: OK, thanks.

RECEPTIONIST: Enjoy your stay.

Part 2:

GUIDE: Welcome to the White House. Our tour begins with some history. It took eight years to build the White House, from 1792 to 1800. Today the White House is where the president and his family live but it is also where he and his staff, over 1,500 people, work. It has 132 rooms on 6 floors. Here are some more figures about the White House. *(Fade begins)* There are …

GUIDE: You're now standing in the Map Room. On the walls you can see different maps of Washington DC and the world. Today meetings, television interviews, small teas or even classical concerts are held here. *(Fade begins)* It was …

GUIDE: If you look out of the window you'll see a tennis court. Soon after Barack Obama became president, it was changed so that people could play basketball on it as well. President Obama is a big basketball fan. He does not play alone, though. He often invites school teams, college teams and also professionals to play at the White House. *(Fade begins)* It is …

GUIDE: Also outside you'll see one of the White House's latest projects: the First Lady's garden. Here Mrs Obama is growing vegetables so that her family – but also guests – get fresh vegetables. Mrs Obama hopes the garden will be a learning experience where visitors to the White House can see how fresh food can be part of a healthy diet. *(Fade begins)* If you …

GUIDE: This is the White House Library. The room was not always full of books and paintings. Many years ago it was a laundry room, where the first families' clothes were washed, dried and ironed. *(Fade begins)* If you …

GUIDE: You are now in the Family Theater. This is a movie theater with 42 seats where the First Family and their guests can watch movies, sports games and TV shows. *(Fade begins)* In March …

Part 3:

MIKE: You know my idea about hiking through the Grand Canyon in one day?

KATE: Yeah.

MIKE: Well, we can forget that. It takes 12 hours to go down one side and up the other. And it's really hot down there at this time of the year. Over 35° in some places.

KATE: Can't we camp for one night?

MIKE: Camp? No, we'd need a special permit to do that. And it's too late to get one now anyway.

KATE: Oh. OK.
MIKE: I've got another idea, though. We could go on a helicopter tour. There's one here. You fly through the Grand Canyon, land somewhere, have a picnic and then fly back. Three hours in total.
KATE: But what does it cost?
MIKE: Hold on. Oh. Mmm. Ah, 499 dollars per person.
KATE: Well, that's expensive for 3 hours.
MIKE: Here's another tour. Wait a second. OK, this one goes from Grand Canyon Airport and lasts about 30 minutes. But you don't land anywhere.

KATE: Is that cheaper?
MIKE: Hold on. It says ... 199 dollars ... no, wait ... 154 dollars if you book online.
KATE: Sounds cool, doesn't it?
MIKE: Shall I book?
KATE: Yeah.
MIKE: When are we at the Grand Canyon?
KATE: On Monday.
MIKE: OK. How about booking for Tuesday at ... er 10.30?
KATE: Sounds perfect.
MIKE: Great.

A Listening Comprehension Test   points

Task 1: Kate and Mike are on holiday in the United States. They are talking to a receptionist at a hotel in Washington DC. Listen and fill in the missing information. There is an example at the beginning (0).   8

0. Kate and Mike booked the room **on the internet**.

1. The receptionist wants to see their _____.

2. It's Kate and Mike's _____ visit to Washington DC.

3. They are leaving on _____.

4. They would like a room which is at _____ of the hotel.

5. The Wi-Fi password is _____.

6. They should take a _____ or a bus to get to the White House.

7. The bus stop is _____ the hotel.

8. Breakfast is from _____ till _____.

Task 2: Kate and Mike are doing a tour of the White House. They are listening to an audio guide. Listen and answer the questions. Write short answers.
There is an example at the beginning (0).

0. How long did it take to build the White House? **8 years**

1. How many rooms are there in the White House?

_____

2. Where are the maps in the Map Room?

   _____

3. Who does the President invite to play basketball at the White House?
   (one example)

   _____

4. What does Mrs. Obama hope will be a learning experience?

   _____

5. What is in the library except for books?

   _____

6. Where do the First Family and their guests watch films?

   _____

**Task 3: Back at the hotel Kate and Mike are planning their trip to the Grand Canyon. Mike is reading about it on his computer.
Listen and complete the table. Some information is already given.**

	Hiking tour	**Helicopter tour**	**Tour from Grand Canyon Airport**
Costs per person?	**No costs**	$ _____	$ _____ online booking
Hours/minutes?	_____	**3 hours**	_____
Problems?	_____ (one example)	_____ (one example)	**no stop in the Canyon**

B Use of English

1. **Complete the sentences using the correct word from the box. There are some extra words in the box. There is an example at the beginning (0).**

   > at – became – become – by – for – from – gets – got – in – of – on
   > really – she – want – wants – where – which – who – will – with
   > worked – working – works – would

   Julia, 17, is one (**0**) **of** the students at her high school (**1**) _____ has already got a place at college. She really enjoys (**2**) _____ on the computer and she's very good (**3**) _____ designing websites. On her last birthday she

(4) _____ a new computer from her parents. In her vacation Julia
(5) _____ like to do work experience at a software firm in Boston.
She has already applied (6) _____ a job at three different companies
but she's still waiting to hear from them.

2. **Read the text and complete the sentences. There is an example at the beginning (0).** 4

Tom is a (**0**) **student** at a high school in Boston. Every morning he checks his
(**1**) s_____ to see if he has everything he needs: his books, his
calculator and his pencil case. As he is doing a Spanish test today, Tom has to take
his (**2**) d_____ to look up the words he doesn't know. He likes
biology and English very much, but his favorite (**3**) s_____ is
sports. In summer students use the sports fields but in winter they do sport in the
(**4**) g_____.

3. **Read the text and fill in the gaps using the words in brackets in the correct form. There is an example at the beginning (0).** 6

As everybody (**0** know) **knows**, driving a car is very important in the USA. In some
states people can get a driving license when they are 16. About two weeks ago
Steven (**1** begin) _____ learning how to drive. The first lesson
(**2** not be) _____ easy. He isn't having lessons at a driving
school because his father (**3** be) _____ his instructor. Every Saturday
Steven (**4** work) _____ at a local supermarket. He (**5** have)
_____ the job for over a year now. If he saves enough money,
he (**6** buy) _____ himself a decent second-hand car next year.

4. **Complete the interview with the missing questions.
There is an example at the beginning (0).** 4

Tim: (**0**) **Can you help me, please?** I have to give a talk about American schools.
Jill: Of course, I can help you.
Tim: (**1**) _____ some questions?
Jill: Sure. Just feel free to ask.
Tim: (**2**) _____ in the morning?
Jill: We start at 9. But before that I meet my friends.

Tim: (3) _____ them?

Jill: In the school cafeteria. We have breakfast there.

Tim: (4) _____ your own food?

Jill: No we don't. We have to buy the food at the cafeteria.

C Reading Comprehension Test: (Dictionary allowed)

The First Daughters

1   The US president and the First Lady are always in the public eye. Everywhere Barack Obama and his wife Michelle go there are TV cameras, journalists and photographers. **(0)** _____. But what about their daughters, 13-year-old Sasha and 16-year-old Malia? What is life like for the "First Daughters"?

    During the last six years Sasha (short for "Natasha") and Malia Obama have traveled all over the world
5   on Air Force One, the US president's airplane. They have met lots of well-known people: kings and queens, political leaders, actors and actresses, sports stars and pop legends. **(1)** _____. Every week they see pictures of themselves in magazines and newspapers. It is an incredible way of life for the two teenagers but it is not always easy.

    If your dad is the most powerful man in the world, you have to be
10 careful what you do and what you say. **(2)** _____. "Don't forget," says Michelle Obama. "They're the first kids living in the White House in a time where everybody's got a cell phone and everybody's watching. When they're with their dad while he's making a speech they have to listen and smile." Mrs. Obama goes on: "The last
15 thing you want is yawning."

    The President and First Lady are constantly reminding their daughters that they're growing up in a slightly unreal environment at the White House. **(3)** _____. So when the girls are not with White House staff, their parents expect them to help at home. They have to make
20 their own beds, set the table and take Bo and Sunny, the family dogs, for walks. "We talk a lot about responsibility," says Mrs. Obama. "I tell the girls that they're not going to be in the White House for ever. Not long from now they'll be at college by themselves."

    Although the President and his wife are both very busy, they spend as
25 much time as they can with their children. If possible, all of them sit down to have dinner together at 6.30 pm. **(4)** _____. Barack Obama likes to know what his daughters are doing in class, how much homework they have and also what they are up to outside school. Like all parents, he is extremely proud of his children. "They're smart,
30 they're funny and they're respectful. I could not have asked for better kids."

Michelle Obama's Rules for Sasha and Malia
Technology
No TV, no internet and no cell phones during the school week. Only on the weekend.
Sports
The girls have to do two sports: one they choose and one chosen by their mother. "I want them to understand what it feels like to do something you don't like and to improve," Michelle Obama explains.
Trips
When the girls go on trips, they have to write reports about what they saw, both for themselves and their parents.

    So far Barack and Michelle Obama have done everything they can to make sure Sasha and Malia grow up like any other teenager in the US. The girls are allowed to have sleepovers and they can go to the shopping mall or to the movies with their friends. Soon they will also learn how to drive. **(5)**
35 _____. What about meeting boys? The President smiles, "I've got tough guys with guns looking after my daughters. Any young man who can get past Secret Service deserves a chance!"

    adapted from: Jodi Kantor: Obama Girls' Role: Not to Speak, but to Be Spoken Of. In: The New York Times, September 6, 2012. Krissah Thompson: For Sasha and Malia Obama, four more years as the first daughters. In: The Washington Post, November 7, 2012.

1. **Find the correct title (A–G) for each paragraph in the text on page 5.** 5
   There is one extra title. One title is already matched.

   A Behavior in public
   B Daily chores
   C Famous parents
   D Vacation with the family
   E **Time with the family**
   F Teenage fun
   G Famous teenagers

paragraph 1 (lines 1–3)	paragraph 2 (lines 4–8)	paragraph 3 (lines 9–15)	paragraph 4 (lines 16–23)	paragraph 5 (lines 24–31)	paragraph 6 (lines 32–36)
				E	

2. **Five sentences are missing in the text on page 5.** 5
   Read the sentences (A–G) and match them with the gaps (1–5) in the text. There is one extra sentence.
   There is an example at the beginning (0).

   A And then there's dating.
   B During meal times, they have a lot to talk about.
   C **No wonder – the Obamas are stars.**
   D People are looking at you, not just at your dad.
   E That's why Michelle Obama picks a sport for them.
   F They keep telling them that in a "normal" home things are different.
   G They shake their hands and get to talk to them.

(0)	(1)	(2)	(3)	(4)	(5)
C					

3. **Answer the questions using information from the text on page 5. Write short answers. There is an example at the beginning (0).**

   Example: How old are the President's daughters? **13 and 16**

   a) What is the President's aircraft called?

   b) When are Sasha and Malia allowed to use the internet?

   c) Which jobs do Sasha and Malia have to do at home? (**one** example)

   d) Which free time activities can the girls do with other teenagers? (**one** example)

4. **Read the text on page 5 and complete the task below. There is an example at the beginning (0).**

   Which part from the text tells you …

   Example: that people are always watching the President and his wife?
   The US President and the First Lady are always in the public eye.

   a) that Sasha and Malia know lots of celebrities personally?

   b) what Sasha and Malia must do while their dad is speaking in public?

   c) that the girls will only live in their present home for a few more years?

   d) that Michelle Obama wants to read about the places her girls visited?

   e) that Barack Obama has a high opinion of his daughters?

   f) that Malia and Sasha are well protected?

E 2014-7

D Text Production (Dictionary allowed.)

Wähle eine Aufgabe: Correspondence: E-Mail or II. Creative Writing: Picture-Based Story

20

I. Correspondence: E-Mail

Du suchst seit längerem einen Ferienjob in den USA. Von der Freundin deiner Tante Emma hast du eine E-Mail mit einem Angebot bekommen, das du annehmen willst.

Schreibe eine E-Mail von ungefähr **12 Sätzen** bzw. etwa **100 Wörtern** auf ein extra Blatt. Denke an eine ansprechende äußere Form.

Beantworte folgende E-Mail von Susan auf Englisch.

Hi,

We heard from Emma that you are looking for a job during your summer holidays. How about coming to San Francisco and helping us?

As Pete and I are both working in July and August, we need somebody to look after our son Justin, 5. He is an energetic, curious boy and always up to new adventures.

From your aunt Emma we've already heard a little bit about you, but we would like to know more:
- Please tell us about your experience of working with children.
- And what about your English?
- When would you be able to come, and how long could you stay?

We would also be happy to answer your questions about Justin, the job, free time, …

We really hope you can come.

Best wishes,

Susan

II. Creative Writing: Picture-Based Story

Betrachte die Bilder und schreibe eine Geschichte auf Englisch.
Schreibe eine Geschichte von ungefähr **12 Sätzen** bzw. etwa **100 Wörtern** auf ein extra Blatt. Denke an eine ansprechende äußere Form.
Beginne wie folgt

The big catch
Last summer Steve and his granddad were at the seaside …

The next day …

Qualifizierender Abschluss der Mittelschule Bayern 2015
Englisch

Listening Comprehension Text

Part 1:

MARTIN: Hello. Um, I'd like a single to Aberdeen, please.

TICKETSELLER: OK. Leaving today?

MARTIN: If possible, yes. I think there's one that goes at ten past nine.

TICKETSELLER: Yes, that's right but I'm afraid there's a short delay today because of heavy traffic on the M4 coming in to London.

MARTIN: Oh. OK.

TICKETSELLER: At the moment we're looking at about 15 minutes. So it'll be just before nine thirty before you get away.

MARTIN: That's fine. I've got a coach card.

TICKETSELLER: OK. Let's have a look. Right. Have you got any additional luggage?

MARTIN: No, just this one bag.

TICKETSELLER: OK. That's ... er ... £42.50.

MARTIN: Oh, wow. So much? Even with a coach card?

TICKETSELLER: Well, the 'walk-up' fares are always the most expensive. That means if you want to leave right away, you'll have to pay more. But do you have to go today? Because if you book in advance, it's much cheaper.

MARTIN: Oh. OK. No, I'm not in a rush.

TICKETSELLER: Well, if you wait a day or two and book online, you can probably save another 30 per cent.

MARTIN: OK. Thanks. I can leave tomorrow. Thank you very much for your help ...

Part 2:

COACH DRIVER: Good morning. I'm John, your driver today. Before we leave, I'd like to apologise for our late departure from London this morning. We're about 20 minutes late at the moment but if everything goes well we should be able to make that up by around lunchtime.

I'd also like to apologise for some problems we're experiencing on this coach at the moment. As you can tell, it's very warm in here and that's because the air conditioning's not working properly. There's also a problem with the Wi-Fi and that's why there's no Internet available. However, we do have some good news. When we get to Luton there's going to be a change of driver but we're also going to change the coach. So after Luton everything should be back to normal again.

Finally, I'd like to remind you to fasten your safety belts and to make sure your luggage is not blocking the aisle.

So, let's get on the way. Relax and enjoy the view. Thank you.

If you have any questions, please ...

Part 3:

MARTIN: And are you going to Aberdeen, too?

TOURIST: No, I'm getting out in Edinburgh.

MARTIN: OK.

TOURIST: Yeah, a friend of mine lives there and has invited me to stay with him. Actually, he lives in a small place about half an hour from Edinburgh. What about you?

MARTIN: I'm planning to go all the way to Aberdeen. I was thinking of going to the Highland Games on Saturday.

TOURIST: Really? In Aberdeen? Have you got somewhere to stay?

MARTIN: No. I was thinking of trying the youth hostel there.

TOURIST: Oh, I don't think you'll get a place there. Not now. The Games are very popular and everywhere will be booked out.

MARTIN: OK. Have you got an idea what I could do?

TOURIST: Well, the best thing would be to get a tent and go camping. I know a campsite near Aberdeen. It's close to the river.

MARTIN: Um, I'd need a sleeping bag, too.

TOURIST: I know. But what about staying in a village close to Aberdeen? I know a place called Stonehaven. From there you can get a train to Aberdeen. It takes about 15 minutes. In fact I know a fantastic bed and breakfast place there. Beachview. I can give you the website: beachview dot co dot uk.

MARTIN: Sounds perfect. I'll write it down. What was it again?

TOURIST: Beachview dot co dot uk.

MARTIN: Thanks. As soon as we have access to the Internet I'll have a look at it ...

Part 4:

GUIDE: Well, I think you know about the bagpiping competition. There are massed band competitions but there are solo piping competitions as well. But here are four more competitions I'd like to tell you about.

The first competition is the weight throw. The weights are made of metal. There's a chain with a handle on the end attached to the weight. The winner is the person who throws the weight the greatest distance, using one hand only.

The second competition is called "sheaf toss". A "sheaf" is a sack full of straw. It weighs about 10 kilos. To "toss" means to throw, but you don't throw the sack of straw as far as you can, you throw it up and over a bar. Not with your hands. You have to use a pitchfork!

The third competition is "tossing the caber". A caber is a tree trunk. It's about 5 metres long. You hold the caber at the bottom and toss it, or throw it, so it turns over in the air and lands on the ground. Of course, the heavier the caber the harder it is to throw it into the air.

A final competition I can tell you about is called "tug of war". Two teams stand at different ends of a long rope and pull as hard as they can. The team that pulls the other team four metres off the middle is the winner.

Of course there are other …

A Listening Comprehension Test (No dictionary allowed)   points

Task 1: Martin wants to travel to Scotland by coach. He is at a coach station in London talking to the woman at the ticket counter.
Listen and answer the questions. Write short answers. There is an example at the beginning (0).

6

0. Where does Martin want to go?
    (to) Aberdeen

1. When does the coach usually leave?

    _____

2. Why is the coach late?

    _____

3. When will the coach leave today?

    _____

4. How many pieces of luggage does Martin have?

    _____

5. How much is Martin's ticket if he leaves on the next coach?

    _____

6. How much can you save if you buy a ticket online?

    _____

Task 2: Two days later Martin is on the coach. He is listening to the coach driver. There is one mistake in each sentence. Listen and write down the correct word(s) on the line. There is an example at the beginning (0).

0. Good ~~evening~~. I'm John, your driver today.
   morning

1. We're about half an hour late.

   _____

2. We won't be able to make that up by around lunchtime.

   _____

3. The heating's not working properly.

   _____

4. There's no on-board service available.

   _____

5. There's going to be a change of tyres.

   _____

Task 3: On the coach Martin is talking to an American tourist. Listen and fill in the missing information. There is an example at the beginning (0).

0. Martin is going to **Aberdeen**.

1. The American tourist is staying with a _____ near Edinburgh.

2. The American thinks the youth hostels in Aberdeen will be _____.

3. Martin would need a _____ for camping.

4. Stonehaven is a _____ close to Aberdeen.

5. In Stonehaven Martin could stay at a _____.

Task 4: Martin is listening to a guide explaining the Highland Games' competitions. Which of the four pictures shows the competition? Listen and tick (✓) the correct picture. There is an example at the beginning (0).

0. Bagpiping

1. Weight throw

2. Sheaf toss

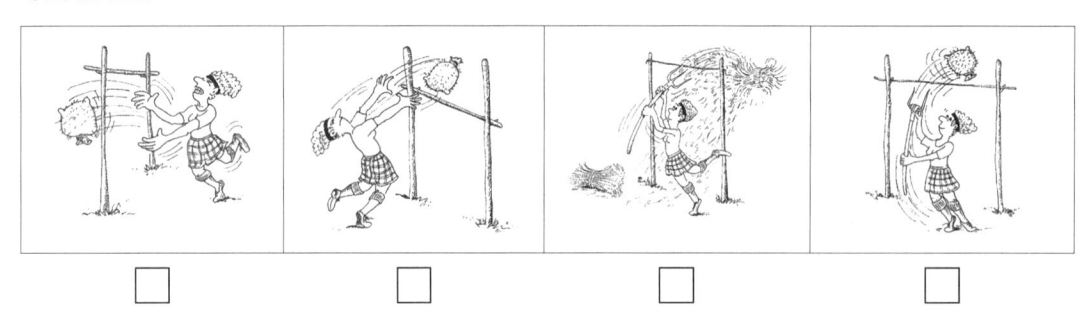

3. Tossing the caber

4. Tug of war

☐   ☐   ☐   ☐

B Use of English (No dictionary allowed)

1. **Scotland**
   Read the text and complete each sentence with one suitable word.
   There is an example at the beginning (0).

   Scotland is (**0**) **part** of the United Kingdom.

   More (**1**) _____ five million people live there. Edinburgh, its capital,

   is the second largest (**2**) _____. Aberdeen is called Europe's oil

   capital (**3**) _____ Scotland has the largest oil reserves in the

   European Union. Scotland is famous (**4**) _____ its lakes and moun-

   tains. All year round you (**5**) _____ find lots of tourists travelling

   the country. So, (**6**) _____ you interested in visiting Scotland?

2. **The Edinburgh Festival**
   Read the text and fill in the gaps using the words in brackets in the correct form. There is an example at the beginning (0).

   Thousands of (**0** tourist) **tourists** go to Edinburgh every year to experience

   the Festival.

   The Edinburgh Festival is one of the (**1** big) _____ events in Scot-

   land. People from Scotland and many other (**2** country) _____ go

   there. Last August Tim (**3** go) _____ there for the first time. He

   (**4** not stay) _____ long but he enjoyed it. Tim likes (**5** get)

   _____ to know different cultures. That's why he (**6** fly)

   _____ to the USA next year.

3. An email from Scotland

Read the email. There is <u>one</u> mistake in each line. Circle the letter below the mistake. There is an example at the beginning (0).

Hi Daniel,

0. <u>Who</u> <u>are</u> you doing? <u>I'm having</u> a great time <u>in</u> Glasgow!
   (A)   B   C   D

1. <u>On</u> Monday I <u>climbed</u> Ben Nevis, the <u>most high</u> mountain <u>in Great Britain</u>.
   A   B   C   D

2. On the way <u>down</u> I <u>fell</u> and ruined <u>my</u> jeans but I didn't hurt <u>me</u>.
              A   B   C   D

3. <u>The next day</u> I <u>met</u> a man <u>which</u> <u>showed</u> me how to play the bagpipes.
   A   B   C   D

4. <u>The</u> weather <u>has been</u> <u>really</u> good so far: sunny and warm <u>all time</u>.
   A   B   C   D

5. The best thing is: I <u>haven't met</u> <u>some</u> unfriendly <u>people</u>. <u>Everybody</u> is nice.
                        A   B   C   D

6. If they speak <u>slow</u>, I <u>can</u> even understand <u>their</u> Scottish <u>accent</u>.
                 A   B   C   D

7. At the moment I'm <u>at</u> the railway station. <u>I'm waiting</u> <u>of</u> my train <u>to</u> Edinburgh.
                     A   B   C   D

8. <u>I'm looking forward</u> <u>to</u> Edinburgh. <u>There are</u> so <u>much</u> things to see there!
   A   B   C   D

I'll call you from there.
Love,
Hanna

C Reading Comprehension Test: (Dictionary allowed)

The fastest woman on earth

Susie Wolff can drive fast – very fast. Last year the 32-year-old took part in practice sessions at the Formula One Grand Prix in Britain and Germany. This made her the first woman in almost 40 years to drive in an official Formula One event. The last time a woman did so was in 1975 when Lella Lombardi, an Italian driver, raced in South Africa. Susie is much more than just a great driver. She is a role model for women who want to be successful in a profession dominated by men.

Susie Stoddart was born in Scotland in 1982. She began riding a four-wheel bike at the age of two. "I was competitive about everything I did: swimming, skiing, karting. I couldn't have asked for a better start in life – my parents never made me feel I was doing anything unusual for a girl. It wasn't until I was in my teens that I realised there weren't many other women in motorsport," she said in a newspaper interview recently. "Racing's in my blood. My mum met my dad when she went to buy her first motorbike in his shop."

It was not long before Susie won her first races. When she was 14, she was named British Woman Kart Racing Driver of the Year. And it was only one year later that she was first in the 24-hour Middle East Kart Championship. Soon Susie made the step up from kart racing to Formula Three. From there she moved to the DTM, the German Touring Car series, racing for a well-known German car manufacturer.

In 2011 Susie became Susie Wolff when she married Toto Wolff and took his name. Her husband is an ex-racing driver with close links to Formula One. So it was no big surprise that she soon became a development driver for a British Formula One team. Now she is even an official test driver. This year in December, Susie will turn 33. Do the Wolffs plan to have children soon? "I'm in no rush," Susie once told reporters. "But when I have kids, I won't be racing."

To drive a Formula One racing car you need great driving skills. But you also need great physical strength. What does that mean for a racing driver? Going round tight corners at high speeds can feel as if 40 kilograms are pressed against your head and neck. This is why many people don't believe women can compete with men in Formula One. For them, motorsport is only for men. If anyone can show them they're wrong, it's Susie Wolff. Susie is careful about what she eats and trains for two hours every day. She is small and light and in Formula One that's an advantage. Susie weighs about 20 kilos less than male drivers, so engineers can add extra equipment to optimize her car.

Wolff has been called the fastest woman on earth so is she scared going at 300 kilometres per hour round a racing track? Like all Formula One drivers, she knows about the risks. But as soon as she is in the cockpit she concentrates on the race. "Fear never comes into it," Susie explained in a newspaper interview. "The only fear I've ever experienced is failure." And when she's not in a racing car? Does Susie drive carefully? "When I'm on the motorway, I'm a little bit impatient but never crazy," she admits.

1. **Read the text on page 7. Match the correct titles (A–H) to the paragraphs. Write the correct letter in the boxes below. Use the letters only once. There are two extra titles. One title is already matched.**

   A   An athletic female racer
   B   **A great female racing driver**
   C   Charity events
   D   Childhood and teenage years
   E   The road is not a race course
   F   Early successes
   G   Formula One career and family
   H   School and education

paragraph 1 (lines 1–5)	paragraph 2 (lines 6–11)	paragraph 3 (lines 12–15)	paragraph 4 (lines 16–20)	paragraph 5 (lines 21–27)	paragraph 6 (lines 28–32)
B					

2. **Answer the questions using information from the text on page 7. Short answers are possible. There is an example at the beginning (0).**

   0. Where does Lella Lombardi come from? **Italy**
   1. When did Susie find out that racing is unusual for women?

   2. How did her parents get to know each other?

   3. Who helped her with connections to Formula One?

   4. Which parts of the body are especially under pressure during a race?

   5. What does she do in order to stay fit?

3. **Read the text on page 7. Which lines tell you the same as the following sentences? Write the number of the line or the lines in the box. There is an example at the beginning (0).**

   0. For nearly four decades no woman took part in a Formula One race.
   1. As a child Susie always wanted to win.
   2. She won an important competition at the age of 15.
   3. Susie is in no hurry to become a mother.
   4. A Formula One driver must be fit and strong.
   5. Susie understands that racing can be dangerous.

(0)	(1)	(2)	(3)	(4)	(5)
line(s) **2–3**	line(s)	line(s)	line(s)	line(s)	line(s)

4. The following words have different meanings. Which of the meanings below is the one used in the text on page 7?   5
Tick (✓) the correct meaning. There is an example at the beginning (0).

0. last (line 1)
   - [✓] **letzte(r, s)** *(Adj.)*
   - [ ] zuletzt *(Adv.)*
   - [ ] dauern *(Verb ohne Obj.)*
   - [ ] reichen *(Verb ohne Obj.)*

1. time (line 3)
   - [ ] Zeit *(Nomen)*
   - [ ] Mal *(Nomen)*
   - [ ] stoppen *(Verb + Obj.)*
   - [ ] einen geeigneten Zeitpunkt wählen *(Verb + Obj.)*

2. turn (line 19)
   - [ ] wenden, umdrehen *(Verb + Obj.)*
   - [ ] abbiegen *(Verb)*
   - [ ] werden *(Verb ohne Obj.)*
   - [ ] Kurve, Biegung *(Nomen)*

3. mean (line 22)
   - [ ] bedeuten *(Verb + Obj.)*
   - [ ] meinen *(Verb)*
   - [ ] geizig *(Adj.)*
   - [ ] gemein *(Adj.)*

4. light (line 26)
   - [ ] Licht *(Nomen)*
   - [ ] anzünden *(Verb + Obj.)*
   - [ ] erleuchten *(Verb + Obj.)*
   - [ ] leicht *(Adj.)*

5. like (line 29)
   - [ ] mögen *(Verb + Obj.)*
   - [ ] möchten *(Verb + Obj.)*
   - [ ] wie *(Präp.)*
   - [ ] also *(Adv.) (umgs)*

D Text Production (Dictionary allowed.)

Wähle eine Aufgabe: 20

I. Correspondence: E-Mail

oder

II. Creative Writing: Picture-Based Story

I. Correspondence: E-Mail

Deine Schule veranstaltet im Rahmen eines Austauschprogramms mit Schottland eine Reise nach Inverness. Du nimmst daran teil. Ihr seid in Gastfamilien untergebracht und du wohnst bei Alex.
Schreibe eine E-Mail auf Englisch an Alex.
- Du freust dich auf die bevorstehende Reise im Juli.
- Du stellst dich vor und erzählst von dir, z. B. von der Schule, von Hobbys.
- Du hast noch zwei Fragen an Alex, und zwar jeweils eine
  - zur Klasse oder Schule bzw.
  - zu Hobbys oder Freizeitaktivitäten.
- Du erkundigst dich nach weiteren Punkten. Wähle zwei davon:
  - Besuch von Sehenswürdigkeiten oder vorgesehenen Ausflugszielen, z. B. Loch Ness
  - deine Unterbringung, z. B. eigenes Zimmer
  - mögliche Abendgestaltung
  - geeignete Kleidung
  - geplantes Programm
- Du informierst Alex noch über Wichtiges, z. B. über Allergien, Essgewohnheiten.

Schreibe eine E-Mail von ungefähr **12 Sätzen** bzw. etwa **100 Wörtern** auf ein extra Blatt. Denke an eine ansprechende äußere Form.

II. Creative Writing: Picture Story

Betrachte die Bilder und schreibe eine Geschichte auf Englisch.
Beginne wie folgt

The Scottish castle ghost
Last summer Callum and his class visited …

Schreibe eine Geschichte von ungefähr **12 Sätzen** bzw. etwa **100 Wörtern** auf ein extra Blatt. Denke an eine ansprechende äußere Form.

Listening Comprehension Text

Part 1:

EMPLOYEE: Good afternoon, Stratford tourist office. Wendy Taylor speaking. How can I help you?

MR THOMPSON: Hello, Peter Thompson here. I'm going on a holiday in Europe later this year. My son and me, we're thinking about spending two or three days in Stratford.

EMPLOYEE: That sounds great.

MR THOMPSON: Yes, ... well, ... you see, we're not sure if there's enough to see and do in Stratford if we stay that long.

EMPLOYEE: Well, since this is the anniversary year, there are even more events than usual.

MR THOMPSON: Anniversary?

EMPLOYEE: Well, you know that Stratford is the hometown of William Shakespeare, the well-known playwright ...

MR THOMPSON: Of course I do.

EMPLOYEE: ... and he died in sixteen-hundred and sixteen, exactly 400 years ago.

MR THOMPSON: So are there any special events in Stratford this year?

EMPLOYEE: Unfortunately you missed the great parade on 23rd April, that's Shakespeare's birthday and also the day he died. But there are celebrations all year. And there are some special historical walks with a guide who explains what the town was like in Shakespeare's time. And of course the usual sightseeing tours.

MR THOMPSON: Could you send me some information about the special anniversary events, please?

EMPLOYEE: Of course, but you can also find them on our website at shakespeareanniversary.co.uk.

MR THOMPSON: Can I make reservations online, too?

EMPLOYEE: Yes, you will find booking forms on our website.

MR THOMPSON: OK. Thank you very much. You've been very helpful.

EMPLOYEE: You are welcome, Mr Thompson. Goodbye.

MR THOMPSON: Goodbye.

Part 2:

GUIDE: ... and we've already arrived at our next stop. Ladies and Gentlemen, the famous Royal Shakespeare Theatre! Here you can see many of Shakespeare's plays live on stage. The building you are looking at is actually about 70 years old. After some years of renovation it reopened again in 2010. In fact there are two theatres here.

The Royal Shakespeare Theatre has about 1,000 seats. And the Swan Theatre at the back of the building is about half that size.

The ticket counters are open for another hour today, so if you are interested in seeing a play, you can buy some tickets while we're here. Several different plays by Shakespeare are currently in the programme: Romeo and Juliet, Hamlet and A Midsummer Night's Dream.

Enjoy your time here. And don't forget, we move on at 4.30. The final stop of our tour is Holy Trinity Church. There, we'll visit Shakespeare's grave. *(fading)* And by the way, did you know that Shakespeare rarely ...

Part 3:

MAN: Good afternoon. Can I help you?

ROBERT: Good afternoon. I'm in Stratford this week and I'd like to see *Romeo and Juliet*. Are there any seats available?

MAN: Let me see. Do you want to see an afternoon or an evening performance?

ROBERT: Evening, please.

MAN: Well, Tuesday is fully booked and on the two following days we are showing *Hamlet*.

ROBERT: Oh dear, and we leave an Friday.

MAN: Well, there are seats for the afternoon performance on Wednesday at 4.15.

ROBERT: Yes, that would be OK.

MAN: We have tickets in the circle for £25 and in the upper circle for £35 or £40.

ROBERT: Oh, that's rather expensive.

MAN: Well, how old are you?

ROBERT: I'm 16.

MAN: Great, then we can offer you a discount ticket for £15.

ROBERT: Fantastic. Can I book two tickets for the circle?
MAN: Two tickets?
ROBERT: Yes, I want to come with my father.
MAN: I see. He'll have to pay the full price, I'm afraid. That'll be £40 for the two of you.
ROBERT: Yes, all right. Do I have to pay now?
MAN: Either that or you can pick up your tickets on Wednesday and pay then. But you'll have to do that at least one hour before the performance starts.
ROBERT: That's fine.
MAN: Then I will reserve the tickets for you … in the name of …?
ROBERT: Thompson, Robert Thompson.
MAN: OK, two tickets are reserved for you in row D in the circle for the performance of *Romeo and Juliet* on Wednesday afternoon.
ROBERT: Thank you very much. Goodbye.
MAN: Goodbye.

Part 4:
WAITRESS: Are you ready to order now?
MR THOMPSON: Well, not quite, I'm afraid.
WAITRESS: Perhaps I can get you something to drink?
MR THOMPSON: Yes, that's a good idea. What would you like to drink, Robert?
ROBERT: A coke, please.
WAITRESS: And for you, sir?
MR THOMPSON: I'd like some water, please.
WAITRESS: OK, thank you. I'll be right back.
MR THOMPSON: So, Robert, would you like to have a starter? How about the soup of the day?
ROBERT: What sort of soup is it?
MR THOMPSON: Vegetable, I think.
ROBERT: Hmm, …
MR THOMPSON: Or would you prefer a tuna salad?
ROBERT: I think I'll have the Caesar's salad.
MR THOMPSON: Well, I'll go for the soup, I think. And what about a main course?
ROBERT: I don't really like fish.
MR THOMPSON: Well, the beef steak sounds very nice, doesn't it?
ROBERT: Only if it is well-done. Otherwise I'll take something else.
MR THOMPSON: We'll ask the waitress then. And which vegetables do you want to have?
ROBERT: I'll have the roast potatoes.
MR THOMPSON: It seems they've only got them baked or mashed.
ROBERT: Then I'll have mashed potatoes and carrots. And what about you?
MR THOMPSON: I'm having the grilled fish, baked potatoes and peas. And an apple pie for dessert.
ROBERT: And I'll have the toffee surprise rather than the lemon tart.
WAITRESS: Here are your drinks. A coke for you, … and a mineral water for you, sir. Can I take your order now?
MR THOMPSON: Is the beef steak well-done?
WAITRESS: As you wish, you can have it well-done, if you like.
MR THOMPSON: Good, in that case we would like to have one well-done beef steak with …

A Listening Comprehension Test (No dictionary allowed)   points

Task 1: Peter Thompson from the USA is calling the tourist office in Stratford, England. There is <u>one mistake</u> in each sentence. Listen and write down the correct information. There is an example (0) at the beginning.   5

0. I'm going on a holiday in Europe later ~~next~~ year.
   this

1. We're thinking about spending two or three weeks in Stratford.

   William Shakespeare

   _____

2. There are even more tourists than usual.

   _____

3. William Shakespeare died in 1600.

   _____

4. You missed the great parade on 3rd April.

   _____

5. Find them on our website at shakespeareanniversary.com

   _____

Task 2: Peter Thompson and his son Robert have arrived in Stratford. They are on a sightseeing tour by bus. Listen to the guide. Four of the statements (B–I) are <u>true</u>. Write the letters in the box. There is an example (0) at the beginning.   4

~~A~~ **They have arrived at the Royal Shakespeare Theatre.**

B There you can see Shakespeare's plays on stage.

C The building is 170 years old.

D The theatre reopened in 2010.

E The Swan Theatre has about 500 seats.

F The ticket counters are open all day.

G One play by Shakespeare is currently in the programme.

H The tour will continue at 4.00.

I At the final stop they will visit Shakespeare's grave.

0	1	2	3	4
A				

E 2016-3

Task 3: Robert Thompson is at the ticket counter of the Royal Shakespeare Theatre. Listen to the conversation and fill in the missing information in the ticket reservation receipt.
There is an example (0) at the beginning.

Royal Shakespeare Theatre
Ticket Reservation receipt: Robert Thompson

0. play:	**Romeo and Juliet**
1. day of performance:	_____
2. time of performance:	_____
3. number of discount tickets:	_____
4. price of tickets in total:	£ _____
5. ticket pick-up time:	until _____
6. seating:	row _____

Task 4: After the theatre, Robert (R) and his father (F) are at a local restaurant. What do they order? Listen to the conversation and write *R* and *F* in the correct boxes of each list.
There is an example (0) at the beginning.

0.
Drinks	
Coke	**R**
Fruit Juice	☐
Lemonade	☐
Mineral Water	**F**

1.
Starters	
Caesar's Salad	☐
French Pâté	☐
Tuna Salad	☐
Vegetable Soup	☐

2.
Main Course	
Grilled Fish	☐
Beef Steak	☐
Roast Beef	☐
Mixed Grill	☐

3.
Side orders	
Baked Potatoes	☐
Jacket Potatoes	☐
Mashed Potatoes	☐
Stuffed Potatoes	☐

4.
Side orders	
Cabbage	☐
Carrots	☐
Mushrooms	☐
Peas	☐

5.
Dessert	
Apple Pie	☐
Lemon Tart	☐
Toffee Ice-Cream	☐
Toffee Surprise	☐

B Use of English (No dictionary allowed)

1. Breakfast
Read the text. Fill in the gaps. Change the words given in the brackets to make them fit the sentences. There is an example (0) at the beginning.

People have different ideas and (0 opinion) **opinions** about breakfast. Some people say it is the (1 important) _____ meal of the day. Statistics show that people who (2 not have) _____ breakfast often have problems with concentration and health. England is known for its cooked breakfast; but what (3 do) _____ this full English breakfast consist of? A typical English breakfast (4 include) _____ eggs, either poached or scrambled, with bacon and sausages, followed by toast with marmalade. A (5 health) _____ version is just one egg and some toast. Whereas in Europe, especially in Germany, people prefer (6 have) _____ cheese, ham, eggs and some bread as a start to the day, nearly all the southern (7 Europe) _____ countries tend to have only coffee and some bread or pastries. The tradition of the English breakfast (8 exist) _____ for many years, and visitors, hotel guests and people who have the time still enjoy it to this day. However, in our hectic and health-conscious world, many English people prefer a continental breakfast or they (9 quick) _____ get something to eat and drink on their way to work. It is likely that in future our culture of eating (10 change) _____ even more. The full English breakfast may soon be a thing of the past.

2. Tea
Read the text and complete each sentence with one suitable word. There is an example (0) at the beginning.

Since the 18th (0) **century** the United Kingdom has been one of the world's greatest tea consumers. At first, tea was mainly imported (1) _____ China. In those days it was sold in almost (2) _____ street in London. People at that time called it 'China drink'. Not only tea but also small porcelain tea cups were shipped to Europe. These cups were so thin that it was necessary to (3) _____ some milk in first, so that they (4) _____ not break when the hot tea went in. People still use these porcelain cups now and then for special occasions.

Even today people in England add milk to their tea and some sugar, depending on their taste. In Britain the word 'tea' describes both a hot drink and a light meal in the afternoon (5) _____ about four o'clock. For some people it is their last meal of the day, for (6) _____ a snack between lunch and dinner. In many towns and cities in Britain there are tea rooms (7) _____ serve tea and other drinks. But since the 1950s many tea rooms (8) _____ closed. Today people prefer health-orientated drinks, for (9) _____ fruit or herbal teas. Nevertheless, (10) _____ is no other country in Europe where people drink more tea.

C Reading Comprehension Test: (Dictionary allowed)

Fish and chips

Every country has a national dish, and for England, it's fish and chips.

A

Ahh ... freshly fried, hot fish and chips, with lots of salt and vinegar, wrapped in paper and eaten on a cold and wintry day – you simply cannot beat it! There is nothing more British than fish and chips. In 2010 *The Independent* newspaper wrote that the dish was more typical to England than the Queen or The Beatles. In Britain people spend around £ 1.2 billion every year on fish and chips. In practically every village, town and city in England you can find at least one fish-and-chip shop, often affectionately called "the chippy".

B

As the name says, fish and chips is made of chips and a fish fillet which is dipped in batter and then deep-fried for a short time. Batter is a liquid mixture of flour, salt, water and beer, which hardens when you fry it. Here is a great recipe for you to enjoy:

Ingredients:
- 3 cups of oil
- 2 large fish fillets
- 3 large potatoes

For the batter:
- 1 cup of flour (self-raising)
- ½ cup of sparkling water
- ½ teaspoon of salt
- 1 cup of beer

Cut your potatoes into small sticks. Boil the potatoes in water for 3 minutes. Place on a large oven tray and sprinkle some oil and a little salt on top. Bake at 250 °C for about 20–25 minutes.
Mix the ingredients for the batter in a bowl. Put the oil in a deep pan and start heating. Dip the fish into the batter and put it into the hot oil. Wait until the batter is golden and brown, usually 4–5 minutes.

C

The dish dates back as far as the 16th century, when the Spanish introduced the idea of frying the fish instead of boiling or cooking it. The first fish-and-chip shop probably opened in London in 1860. Fish and chips was a traditional dish on a Friday, when the Catholic Church asked people not to eat meat – and, for some reason, fish was not meat for them. During the Second World War, fish and chips was one of the foods that were not rationed in England. Before, during, and even after the war, fish and chips remained popular, especially among poorer, working-class people because it was cheap and filling.

D

Today there are around 10,500 fish-and-chip shops across the UK, making British fish and chips the nation's favourite take-away. But fish and chips is no longer just fast food. You can find posh versions of it in the best restaurants up and down the country. It is a favourite for lunch, dinner or even after a night out. As soon as you have ordered your fish and chips in a chippy, you will get a lot of greasy chips, followed by a hot and crispy piece of fish. Then the person behind the counter will ask, "salt and vinegar?" For most British people salt and vinegar is a must. Many people also like them with mushy peas and some even with curry sauce.

E

An English pop song reminds us that "yesterday's newspaper is tomorrow's chip paper". For many years fish and chips was traditionally sold wrapped in old newspapers because the newspaper kept the food warm. Nowadays using newspaper is no longer allowed for health and safety reasons. To keep up the tradition, some chippies now use fake newspaper, while others use waxed paper. Less popular is the use of plastic because it is difficult to recycle.

F

British consumers eat some 382 million portions of fish and chips every year, but is that good for them? Fish and chips contain fewer calories than pizza, burgers and other take-away options. They are a valuable source of protein, iron and vitamins. And last but not least: according to psychologist Dr David Lewis traditions are for adults what a comfort blanket is for a child. So fish and chips is a super meal which is both physically and mentally very satisfying.

Adapted from: www.historic-uk.com/CultureUK/Fish-Chips, www.federationoffishfriers.co.uk

1. **Read the text on pages 6 and 7. Match the correct titles (1–8) to the paragraphs (B–F). Write the correct number in the boxes below. Use each number only once. There are three extra titles. There is an example (0) at the beginning.**

   0 **Fish and chips – a national symbol**   5 The price for a portion
   1 Fish and chips in other countries   6 Historical facts
   2 Packaging fish and chips   7 How to prepare the dish
   3 A meal for many occasions and tastes   8 Even the Queen likes fish and
   4 Healthy for body and soul   chips

paragraph A	paragraph B	paragraph C	paragraph D	paragraph E	paragraph F
0					

2. **Answer the questions using information from the text on pages 6 and 7. Short answers are possible. There is an example (0) at the beginning.**

   0. What is the nickname for a fish-and-chip shop? **Chippy**

   1. What four ingredients do you need for the batter?

   _____

2. Who were the first to prepare fish in hot oil?

   _____

3. Why did poorer people like fish and chips so much? Give two reasons.

   _____

4. What was the reason for selling fish and chips in old newspapers?

   _____

5. Which wrapping material is bad for the environment?

   _____

3. **Read the text on pages 6 and 7. Which part of the text gives you the following information? Write the number of the line or the lines in the box. There is an example (0) at the beginning.**

   0. There are fish-and-chip shops everywhere in England.
   1. Upper-class menus may also include fish and chips.
   2. The typical question of the chippy owner when you order
   3. There is a wrapping material that looks like newspaper.
   4. The number of fish-and-chip meals sold in Britain annually
   5. Certain substances in fish and chips are good for your body.

(0)	(1)	(2)	(3)	(4)	(5)
line(s) 4–5	line(s)	line(s)	line(s)	line(s)	line(s)

4. **Five of the statements (b–j) are true. Choose the five true statements according to the information given in the text on pages 6 and 7. Write the letters of the true statements on the lines below. There is an example (0) at the beginning.**

a	Fish and chips is a real treat on a cold day in winter.
b	British fish-and-chip shops sell around 1.2 billion servings of fish and chips per year.
c	Before you fry the fish fillet you put it into a mixture called batter.
d	You put the fish fillet on an oven tray and bake it for about 20–25 minutes.
e	You need to fry the fish for about four to five minutes.
f	The Church said that people shouldn't eat meat on Fridays, so they often had fish and chips instead.

   True statements:
   0. a
   1. _____
   2. _____
   3. _____
   4. _____
   5. _____

g In World War II fish and chips weren't available.

h Fish and chips is no longer the most popular fast food in Britain.

i The British like eating fish and chips at different mealtimes and also after going out.

j Most of the popular fast foods have more calories than the British national dish.

D Text Production (Dictionary allowed)

Wähle eine Aufgabe: 20

I. Correspondence: E-Mail

oder

II. Creative Writing: Picture Story

I. Correspondence: E-Mail

Du besuchst auf der Insel Malta einen Sprachkurs. Du denkst an deine spanischen Freunde, José und Carmen, die du letztes Jahr kennengelernt hast. Du schreibst an einen von beiden eine E-Mail auf Englisch.
- Erzähle, warum du auf Malta bist.
- Beschreibe deinen Aufenthalt und berichte z. B. über
  - Sprachkurs, Lehrkräfte, Mitstudenten
  - Unterkunft, Gastfamilie
  - Freizeitaktivitäten nach dem Sprachkurs oder am Wochenende
- Schildere einen Unterrichtstag und schreibe z. B. über
  - Anzahl der Stunden
  - Pausengestaltung
  - Mahlzeiten
- Frage, ob er/sie auch schon eine Sprachreise gemacht hat.
- Berichte über deinen Plan, im nächsten Sommer einen Folgekurs zu besuchen, und frage, ob er/sie dann mitkommen möchte.

Schreibe eine E-Mail von ungefähr **12 Sätzen** bzw. etwa **100 Wörtern** auf ein gesondertes Blatt. Achte auf eine ansprechende äußere Form.

II. Creative Writing: Picture Story

Betrachte die Bilder und schreibe eine Geschichte auf Englisch.
Beginne wie folgt:

A new job
One morning, Mr Smith, the zoo director, and Nick, the zookeeper, were in a panic …

Schreibe eine Geschichte von ungefähr **12 Sätzen** bzw. etwa **100 Wörtern** auf ein gesondertes Blatt. Achte auf eine ansprechende äußere Form.

Listening Comprehension Text

Part 1:

KIM: Hello?

UNCLE BOB: Hi, Kim. It's your uncle Bob. How are you getting on? Are you still looking for a job as a car mechanic?

KIM: Yes, no luck so far, I'm afraid.

UNCLE BOB: Well, I've just seen an advert in the local newspaper. Brown's Garage is offering an apprenticeship. Are you interested?

KIM: Hmm ... what qualifications are required?

UNCLE BOB: Let me see ... You have to be at least 16 years old ... They want good grades in maths and physics ... It also says that some work experience would be helpful, but it's not absolutely necessary. And you don't need a driving licence.

KIM: Aha, OK. And do you know where Brown's Garage is?

UNCLE BOB: Yes, it's not far from my house.

KIM: Oh, so it's in Brighton? And you know them?

UNCLE BOB: Yes, I've been taking my car there for years. They are very reliable, and friendly, too.

KIM: Oh, and how can I get in touch with them?

UNCLE BOB: I suggest you contact David, he is the head mechanic. He will be able to give you more information about the job. He is an interesting guy. He used to work in Australia as a car mechanic for a while. He even has his own video blog. I'll find the link and send it to you.

KIM: Thanks, uncle Bob.

UNCLE BOB: That's OK, bye.

Part 2:

DAVID MCKINLEY: Hi everyone. My name is David McKinley. I'm from Brighton and I'm a car mechanic.

I worked for a while in Australia as a mobile mechanic. People over there often live so far away that they don't have the time to take their car to the garage. They want repairs on the spot.

I had a truck with all my tools in it and I went where the work was. That was anything ... from doing a safety check in town to changing tyres on a van or fixing the brakes of a road train way out in the country.

If I didn't have the parts I needed, I had to use what I had in the truck. I spent whole nights working under broken-down trucks and more than once I was up to my knees in water trying to pull a jeep out of a swamp.

People were always pleased to see me but in some cases I couldn't repair their vehicles. So I ended up towing them for miles to the next town.

Did I like working there? Yes, sure. You just had to remember that there were snakes and spiders everywhere, even in your car! Lots of variety, lots of surprises. But I met all kinds of people and made some friends for life.

If you want to know more please feel free to contact me ...

Part 3:

MR BROWN: Good afternoon, Kim. I am Mr Brown, the manager.

KIM: Hello.

MR BROWN: So, you are interested in the job as a car mechanic. Tell me something about yourself.

KIM: Well, I'm sixteen years old and I'll finish school this summer. My favourite subject is maths and I am also very good at science. In my free time I play field hockey and I also like go-kart racing.

MR BROWN: Why do you want to be a car mechanic? It's not a typical job for girls, is it?

KIM: Everyone keeps telling me that. But I have always been interested in cars. For years, now, I've been helping my dad repair our family car. I did my work experience at our local garage. I'm good at working with my hands and I don't mind getting them dirty.

MR BROWN: Well, that sounds promising. Do you think you are strong enough to do the job?

KIM: Oh, I noticed when I worked in the garage that modern tools do most of the heavy work for you.

MR BROWN: I see. Well, do you have any questions about the job?

KIM: Hmm ... yes. What are the working hours?

MR BROWN: We work from 8 am till 5 pm Mondays to Fridays with an hour's break for lunch.

You have three weeks' holiday a year. At the beginning you will get £125 a week, but your salary will be a little higher next year. When would you be able to start?

KIM: The first of September, if that is all right with you.

MR BROWN: Oh yes, that would be perfect. I will need to have a closer look at your application and references. I'll let you know my decision by Monday. Is that OK?

KIM: Yes, thank you Mr Brown.

MR BROWN: Well, Kim … thank you very much for coming along. Goodbye.

KIM: Goodbye.

MR BROWN: Perhaps we'll see each other again in September …

Part 4:

KIM: Good morning, how can I help you?

CUSTOMER: Good morning. My car is making a strange noise. Could you have a look at it?

KIM: Yes, but not until this afternoon. Can you leave your car here?

CUSTOMER: Oh, no, I definitely need my car. Can't you take a look at it now?

KIM: Hmm, … we're rather busy this morning. Er, Dave! Could you help us a moment?

DAVID: Yes? Good morning. As Kim said, we're rather busy. If you leave your car here, we can let you have a rental car. It's only £27.50 per day, including 200 miles and insurance.

CUSTOMER: Er, … is it like my car?

DAVID: Well, in fact it's the same car, just an older model but with automatic and air conditioning.

CUSTOMER: And what about the fuel?

DAVID: We prefer you to return the car full. Otherwise we charge an extra £50. It's a diesel, by the way. We'll contact you as soon as we know what is wrong with your car. Could you leave your phone number with us?

CUSTOMER: Yes, of course. But … please don't call before 2 pm.

DAVID: That's fine. Now you only need to show me your driver's license and your credit card …

A Listening Comprehension Test (No dictionary allowed)   points

Task 1: Kim is talking to her uncle Bob on the phone. 5
Listen to the dialogue and fill in the missing information.
There is an example (0) at the beginning.

0. Kim wants to become a **car mechanic**.

1. Kim could do an apprenticeship at _____ Garage.

2. Kim must have good grades in _____ and _____.

3. Kim doesn't need work experience or a _____.

4. The garage is in _____.

5. David, the _____ mechanic, has more information about the job.

Task 2: David is talking about his work experience in his video blog. Read 4
the statements (B–I). Listen to David and find the four true statements.
Write the letters in the box. There is an example (0) at the beginning.

A̶ David worked in Australia for a while.

B He used to repair mobile phones.

C People brought their cars to his garage.

D He repaired the cars where they broke down.

E All the parts he needed were in his truck.

F He often had to work long hours.

G Sometimes he even got wet when he was working.

H He hates Australia because of the snakes and spiders.

I He learned to be careful of dangerous animals.

0	1	2	3	4
A				

Task 3: Kim has a job interview at the garage. She is talking to the 6
manager. Listen to the conversation and answer the questions. Write
short answers. There is an example (0) at the beginning.

0. How old is Kim?
   16

1. When will she finish school?

2. Who showed her how to repair a car?
   _____

3. What makes the heavy work in a garage easier?
   _____

4. How much will she earn at the beginning?
   £ _____ a _____
   _____

5. When can Kim start the job?
   _____

6. When will Mr Brown call her?
   By _____

Task 4: It's Kim's second day at the garage. She and Dave are talking to a customer. Listen to the conversation and fill in the missing details in the form. There is an example (0) at the beginning.

5

Order No.	127543
Date	27/06/2017
Customer's car	problem: **0. strange noise**
Rental car	✓ YES ☐ NO
Price	1. £ _____ per day including 200 miles & insurance
Car details and extras	automatic 2. _____
Fuel	type: 3. _____ Return with full tank or pay 4. £ _____ extra
Import	Call customer 5. after _____

Qualifizierender Abschluss der Mittelschule – Englisch 2017

B Use of English (No dictionary allowed)

1. **Martin, a German working in England, writes to his friend Julia.** 7
   Read the text and complete each sentence with one suitable word.
   There is an example (0) at the beginning.

   Hello Julia,

   How are you? I (0) **am** writing to you from Birmingham. I'll be here (1) _____ the next two weeks. My company asked me (2) _____ I was interested in working in Britain this summer. As you can imagine, I was more (3) _____ happy. I'm staying with a very nice family and the host father (4) _____ in the same factory. I am the only German here so I have to talk English all the time. I think my English (5) _____ already improved quite a lot since I arrived here. I am really enjoying my stay and I love working here.

   When I'm back home I (6) _____ definitely recommend such a visit to my colleagues.

   I am looking forward to (7) _____ from you soon.

   Love,

   Martin

2. **Julia answers Martin's e-mail.** 7
   Read the text and complete it with words from the box. Use one word
   for each gap. There is an example (0) at the beginning.

   > about – abroad – at – because – book – but – by – during
   > from – more – much – over – real – spend – spent – that
   > there – these – where – whereas – while – will

   Dear Martin,

   What a pleasant surprise (0) **having** you here in Britain. Did all the trainees have the chance to work (1) _____ or did your company choose you (2) _____ of your excellent results in your exams? You have to tell me more about it.

   I would love to see you (3) _____ you are here. I could come to Birmingham next weekend so that we could (4) _____ some time together. I could stay (5) _____ my aunt's. Have I ever mentioned that my mum's sister and her family live in (6) _____ area? My cousin Jo told

   E 2017-5

me about an amusement park which is interesting and not far away. What do you think (7) _____ spending a day there? Perhaps together with Jo? If you like my idea or if you have any other suggestions, please write back soon, so we can fix a date.

Love,

Julia

3 **Read Martin's letter to his host family. There are six mistakes in the text. Find them and write the correct word(s) on the numbered line. There is an example (0) at the beginning.** 6

Dear all,

I arrived home safely after a pleasant flight, although the departure was delayed for <u>much</u> than one hour. Unfortunately, my suitcase was not on the plane, but he was delivered to my house by the airline later. So I was able to give the presents to my family. My grandma love the teapot and especially the tea. My brother immediately put on the football shirt of the English national team and doesn't want to take it off again until he went to bed. My father and my sister liked her gifts, too. I am so grateful that you helped me to find souvenirs for everybody. My visit went by very quickly and I've already be back at work since five days, but I have so many pleasant memories of my stay in England.

Best regards and thanks from my parents.

Love,

Martin

0. more

1. _____

2. _____

3. _____

4. _____

5. _____
6. _____

C Reading Comprehension Test: (Dictionary allowed)

Amusement Parks

A

An amusement park or theme park is a group of entertainment attractions, rides, and other events in a large outdoor area, often covering many square kilometers. Amusement parks always stay at the same location, not like e. g. travelling funfairs, and they offer more than simple city parks or playgrounds.

B

Today's amusement parks have developed from a variety of influences. It all started with the fairs in the Middle Ages, which became places of entertainment for the masses with attractions like freak shows, acrobatics and juggling. Another influence were the English pleasure gardens, popular between 1550 and 1700. Originally they were entertainment areas just for rich people but soon everybody could enjoy their attractions e. g. fireworks, music, dancing and animal acrobatics. The Prater in Vienna, which opened at the end of the 18th century, served as an example which was copied by many amusement parks worldwide.

C

The amusement park industry offers large and world-famous theme parks but there are also smaller or medium-sized family fun parks, which sometimes started as miniature golf courses and then grew to include go-karts, bumper cars, bumper boats, water slides and even roller coasters. There are also parks that use rides and attractions for educational purposes. Some parks focus on prehistoric animals showing dinosaurs in natural settings, while other parks offer several thousand animals, fish and other sea life and give information about them.

D

The greatest attractions of amusement parks are of course the rides. Classic rides are roller coasters, which usually include a steep drop from the highest point and a sharp curve taken at full speed. Water rides are especially popular in the summer when it is hot. Dark rides, e. g. ghost trains, are enclosed attractions which include animations, music and other special effects. The Ferris wheel is the most common type of amusement ride. In the big parks where the attractions are far apart, transport rides are used to take large numbers of guests from one area to another, as an alternative to walking.

E

Amusement parks get most of their money from admission fees. In amusement parks using the pay-as-you-go scheme a guest enters the park for free. The guest must then buy tickets for the rides at each attraction's entrance. An amusement park using the pay-one-price scheme will charge guests one large admission fee. The guests are then entitled to use most of the attractions in the park as often as they wish during their visit. Parks also earn money with parking fees, food and beverage sales and souvenirs.

F

Amusement parks have come a long way since their beginnings and have always reflected the latest technology of their time. In order to attract customers they constantly need to offer the latest and greatest rides. Let's have a look at the future of roller coasters for example. They are thrilling rides anyway but what if virtual-reality experiences are added? Passengers wear mobile virtual reality headsets that present 3D adventures while riding a coaster. So they can take a simulated journey aboard a flying dragon, a rocket ship or some other fantasy scenario. Considering the speed with which society and technology are changing, we can expect a lot of new attractions in amusement parks around the world within the coming years.

Safety rules

Taking an amusement ride is one of the safest recreational activities.
Accidents do happen, however, but the reason for most accidents is rider misbehavior.
- Follow all posted height, age and medical restrictions; observe all rules and verbal instructions issued by ride operators.
- Make sure the restraints fit well and you are secured in your seat.

- Double-check seat belts, shoulder harnesses and lap bars. Hold onto handrails when provided.
- Keep all body parts and belongings inside the ride at all times.
- Never stand up on a roller coaster to get a bigger thrill.
- If a ride stops temporarily, due to breakdown or other reason, stay seated and wait for the ride to start up again or for an operator to give you further instructions.
- Do not board a ride if it looks poorly maintained or if the operator is inattentive.
- Never ride while under the influence of alcohol or drugs.

1. Read the text on pages 7 and 8.
   Match the titles (1–8) to the paragraphs (B–F). Write the correct number in the boxes below. <u>Use each number only once</u>. There are three extra titles. There is an example (0) at the beginning.

   0 **Definition**   5 Attractions for students
   1 Horse riding   6 Different types of parks
   2 Earlier traditions   7 Activities in modern parks
   3 Financial aspects   8 Accommodation for visitors
   4 New developments

paragraph A	paragraph B	paragraph C	paragraph D	paragraph E	paragraph F
0					

2. Answer the questions using information from the text on pages 7 and 8.
   Short answers are possible. There is an example (0) at the beginning.

   0. What is similar to an amusement park but changes its location?
      a travelling funfair

   1. Who were the only visitors when English pleasure gardens first opened?

   2. Which park became a model for a lot of other parks?

   3. What indoor attractions need very little light?

   4. Which system asks visitors to pay an entrance fee to the park?

   5. What device will add more excitement to roller-coaster rides in the future?

3. **The following words have different meanings. Which of the meanings below is the one used in the text on pages 7 and 8?
Tick (✓) the correct meaning. There is an example (0) at the beginning.**

0. stay (line 2)
   - [ ] Aufenthalt *(Nomen)*
   - [✓] **bleiben** *(Verb)*
   - [ ] Besuch *(Nomen)*
   - [ ] stehen bleiben *(Verb)*

1. focus (line 13)
   - [ ] Mittelpunkt *(Nomen)*
   - [ ] klar sehen *(Verb)*
   - [ ] Brennpunkt *(Nomen)*
   - [ ] sich konzentrieren *(Verb)*

2. drop (line 17)
   - [ ] tropfen *(Verb)*
   - [ ] Tropfen *(Nomen)*
   - [ ] Fall *(Nomen)*
   - [ ] fallen lassen *(Verb)*

3. mobile (line 30)
   - [ ] Handy *(Nomen)*
   - [ ] transportabel *(Adj.)*
   - [ ] Mobile *(Nomen)*
   - [ ] flexibel *(Adj.)*

4. fit (line 38)
   - [ ] passen *(Verb)*
   - [ ] geeignet *(Adj.)*
   - [ ] Anfall *(Nomen)*
   - [ ] in Form *(Adj.)*

5. board (line 44)
   - [ ] Brett *(Nomen)*
   - [ ] Behörde *(Nomen)*
   - [ ] einsteigen *(Verb)*
   - [ ] verschlafen *(Verb)*

4. **Five of the statements (b–j) are true. Choose the true statements according to the information given in the text on pages 7 and 8. Write the letters of the true statements on the lines below. There is an example (0) at the beginning.**

a	**Usually amusement parks are very large.**	
b	Only a few people came to the fairs in the Middle Ages.	
c	Miniature golf courses usually include other attractions like go-karts or bumper cars.	
d	In some parks you can learn about creatures of the ocean.	
e	Water rides are the park visitors' favourite attraction all year round.	
f	Big parks offer their visitors an easy way to get around.	
g	Only nowadays amusement parks use the latest technology.	
h	Fast developing technology offers many possibilities for future park attractions.	
i	Check that you are old enough if you want to go on a ride.	
j	Don't get off a ride if it stops temporarily.	

True statements:
0. a
1. _____
2. _____
3. _____
4. _____
5. _____

D Text Production (Dictionary allowed)

Wähle eine Aufgabe: 20

Correspondence: Application and CV

oder

Creative Writing: Picture and Prompts

Application and CV

Du suchst einen Ferienjob im Ausland und findest die Anzeige einer Agentur, die Ferienjobs in einem Freizeitpark vermittelt.
Du wendest dich auf Englisch an Herrn Johnson, den zuständigen Ansprechpartner, und schickst ihm ein Anschreiben und einen tabellarischen Lebenslauf.

1. Verfasse das Anschreiben und gehe auf folgende Inhaltspunkte ein:
   - Wo hast du die Anzeige gefunden?
   - Welchen Job möchtest du gerne im Freizeitpark ausüben?
   - Warum bist du dafür geeignet?
   - Warum interessiert dich ein Ferienjob im Ausland?
   - In welchem Zeitraum möchtest du arbeiten?
   - Erkundige dich nach Verpflegung und Unterkunft.
   - Verweise auf den Lebenslauf.

2. Verfasse den tabellarischen Lebenslauf mit folgenden Inhalten:
   - Persönliche Angaben
   - Schulbildung
   - Praktische Erfahrungen
   - Besondere Kenntnisse
   - Persönliche Interessen

Verfasse ein Anschreiben mit mindestens **80 Wörtern** auf ein gesondertes Blatt.
Schreibe einen Lebenslauf von mindestens **30 Wörtern**. Verwende dazu eine eigene Seite.
Achte auf eine ansprechende äußere Form und eine gut lesbare Handschrift.

Picture and Prompts

Schreibe eine Geschichte auf Englisch, in der du das Bild und die Angaben berücksichtigst.
Beginne wie folgt:

> *What a shock!*
> *Last year Barbara took her English friend Megan to the Oktoberfest ...*

Fahrt mit dem Karussell **Gespräch** **Missgeschick**

Reaktion der Personen

Schreibe eine Geschichte von mindestens **100 Wörtern** auf ein gesondertes Blatt. Achte auf eine ansprechende äußere Form und eine gut lesbare Handschrift.